21世纪普通高等院校系列教材

本书受重庆市重庆工商大学计算机科学与技术一流专业建设专项、重庆市教委科学技术研究项目（KJZD–K202200803）、检测控制集成系统重庆市重点实验室（重庆工商大学）、智能感知与区块链技术重庆市重点实验室（重庆工商大学）经费资助

Power BI
财务大数据分析

▶ 主　编◎严　玥　　刘淑蓉
▶ 副主编◎许世豪　　刘孝林

西南财经大学出版社

中国·成都

图书在版编目(CIP)数据

Power BI 财务大数据分析/严玥,刘淑蓉主编;许世豪,刘孝林副主编.—成都:西南财经大学出版社,2024.5
ISBN 978-7-5504-5844-4

Ⅰ.①P… Ⅱ.①严…②刘…③许…④刘… Ⅲ.①财务管理—数据处理—可视化软件 Ⅳ.①F275-39

中国国家版本馆 CIP 数据核字(2023)第 123353 号

Power BI 财务大数据分析

Power BI CAIWU DASHUJU FENXI

主 编 严 玥 刘淑蓉
副主编 许世豪 刘孝林

策划编辑:李晓嵩
责任编辑:李晓嵩
责任校对:王 琳
封面设计:何东琳设计工作室
责任印制:朱曼丽

出版发行	西南财经大学出版社(四川省成都市光华村街 55 号)
网 址	http://cbs.swufe.edu.cn
电子邮件	bookcj@swufe.edu.cn
邮政编码	610074
电 话	028-87353785
照 排	四川胜翔数码印务设计有限公司
印 刷	郫县犀浦印刷厂
成品尺寸	185 mm×260 mm
印 张	15.125
字 数	290 千字
版 次	2024 年 5 月第 1 版
印 次	2024 年 5 月第 1 次印刷
印 数	1— 2000 册
书 号	ISBN 978-7-5504-5844-4
定 价	39.80 元

前言

随着信息技术的迅速发展，商业智能技术在当下的应用领域越来越广泛。随着智慧城市、第五代移动通信技术（5G 技术）、云计算等科技创新的不断推进，商业智能技术得到了更为广泛的应用。商业智能技术在国家发展方面的作用和意义也日益凸显。Power BI 作为商业智能领域的领先工具之一，更是受到了各界的广泛青睐。对于财经专业的学生和财经领域的相关人士来说，熟练掌握商业智能技能已成为越来越重要的竞争优势。商业智能技能的掌握可以帮助人们更好地理解数据，从而更好地指导决策，提高企业效率和盈利能力。同时，学习和使用商务数据分析工具也会给人们带来深层次的思考、洞察和创新，助力人们更好地把握市场变化和商业趋势。Power BI 作为商业智能技术的重要组成部分，其在财经专业领域的应用越来越广泛。

本书致力于介绍 Power BI 的基础知识、高级应用和实践案例，旨在帮助财经专业的学生和财经领域的相关人士更好地掌握商业智能技术，提升数据分析能力，实现数据驱动决策。

本书以图文并茂的方式，结合大量实例和详细的操作步骤说明，向读者全面介绍了 Power BI 在财务大数据中的具体应用。本书共分为十章。第一章至第三章主要说明财务大数据分析的相关背景，并以一个生动的例子吸引读者走入 Power BI 的世界。第四章以一个相对完整案例说明了 Power BI 财务数据分析的大致步骤以及关键点，让读者对基于 Power BI 的财务数据分析整体架构有比较全面的认识。第五章至第七章分别详细阐述了数据获取与整理、模型构建与实现、Power BI 数据可视化的相关知识。这些知识是学习 Power BI 的重点。第八章通过两个案例，将 Power BI 数据分析与可视化进行了全面分析和阐述，目的是让读者通过实际案例的学习真正具备使用 Power BI 进行业务分析的能力。第九章简要说明了如何开展 Power BI 在线服务。第十章介绍了数据分析报告撰写与生成，从而完成了从获取数据、建模、分析数据、数据可视化、报告生成的完整工作流程。

本书可以用作高等院校信息管理与信息系统专业、会计专业以及其他相关专业的教材，也可以用作 Power BI 财务大数据分析相关培训的教材，还是希望从事商业智能数据分析的广大入门者的不可多得的参考书。

我们对编写本书时参考的著作、论文的原作者深表感谢，也非常希望读者在学习的过程中能够从中受益，并将所学应用到实际工作中。尽管本书的篇幅有限，但我们努力通过简洁的语言和丰富的图表希望能够为读者提供有用和全面的知识。由于编写时间仓促，加之编者水平有限，书中难免存在疏漏和不当之处，欢迎广大读者批评指正，编者的邮箱是 yanyuecq@ qq. com。

编者

2024 年 3 月

（全书案例数据）

（各章练习数据）

目录 CONTENTS

1 数智财务融合新趋势

如今不仅是互联网公司在利用数据研发各种算法，以增强客户体验感、提升业绩，各行各业都在加快数字化转型升级，利用数据源来获取客户、开拓市场、提高工作效率、创造新的竞争优势以及更科学高效地制定决策，以持续保持竞争力，从而为组织带来价值，商业智能应运而生。本章主要探讨数智财务融合的新趋势，简要介绍了商业智能，并详细介绍了商业智能软件 Power BI 的优势，帮助读者理解为什么 Power BI 是数智财务融合的优选。

1.1 商业智能简述

我们生活在一个数字化的世界，生活和工作中无时无刻不被各种各样的智能设备、各种数据包围。我们选择智能出行、在线办公、网上购物、网络会议或在线学习、电子银行和各类服务，都会用互联网的各种设备记录各项数据。可以这样讲，数据正在改变我们的工作、生活和娱乐的方式。各行各业的企业内部的各种信息系统以及物联网系统都积累了大量的数据，这些数据是企业的重要资产。

近几年，我们会发现，不仅是互联网公司在利用数据研发各种算法，以增强客户体验感、提升业绩。如何充分挖掘数据中有价值的信息，提高决策水平，满足不同层次、不同部门和行业的需要；如何利用数据来获取客户、开拓市场、提高工作效率、创造新的竞争优势以及更科学高效地制定决策，正成为各行各业关注的焦点。可以这样说，数据正成为企业的重要资产，数据分析技能正成为企业员工的核心竞争力。

商业智能（business intelligence，BI）又称商业智慧或商务智能，逐渐被众多企业和用户关注。商业智能的概念在 1996 年最早由加特纳集团（Gartner Group）提出。加特纳集团将商业智能定义为：商业智能描述了一系列的概念和方法，通过应用基于事实的支持系统来辅助商业决策的制定。商业智能技术提供使企业能够迅速分析数据的技术和方法，包括搜集、管理和分析数据，将这些数据转化为有用的信息，之后分发到企业各处。

目前，关于商业智能的概念并没有相对比较统一的定义。从 20 世纪 90 年代开始，很多著名的企业和学者对商业智能提出了各自的观点。微软公司认为，商业智能是指任何尝试获取、分析企业数据，以便更清楚地了解市场和客户，改进企业流程，更有效地参与竞争的过程。甲骨文公司认为，商业智能是一种商务战略，能够持续不断对企业的经营理念、组织结构和业务流程进行重组，实现以客户为中心的自动化管理。国际商业机器公司（IBM）认为，商业智能是一系列技术支持的简化信息收集分析过程的策略集合。思爱普公司（SAP）认为，商业智能是指搜集、存储、分析和访问数据，以帮助企业更好地做出决策的技术。

普遍认为，商业智能产业的演进经历了三个阶段：传统的商业智能阶段、大数据时代的商业智能阶段和现代的商业智能阶段。

传统的商业智能阶段：这个阶段的商业智能主要是利用现代数据仓库技术、线上分析处理技术、数据挖掘和数据展现技术进行数据分析，以实现商业价值。此时的数据分析成果很大程度是分析有相对统一规范的历史数据，数据分析结果多以报表和企业驾驶舱等形式进行展示，这种框架大多为管理层和决策制定者提供定量化的数据支撑。

大数据时代的商业智能阶段：这个阶段的商业智能主要体现在数据类型的多样化和分析技术的多样化两个方面，此时的商业智能不仅分析了结构化数据，还涵盖了半结构化数据、非结构化数据和流数据等，从而能适应大数据时代数据来源的多元化和实时性等特征，比如能够对物联网渠道传送的传感器数据、监控数据或一些实时金融交易数据等进行一定程度的加工、组织和分析处理。此时的商业智能更依赖于以分布式系统基础架构（hadoop）生态系统为代表的大数据技术，大数据产品多数还是以信息技术为核心，智能分析结果的"可视化展示"大多采取预先设定的建模方式来呈现，分析方法常常无法从商业信息运用的角度出发，导致实际有价值的业务一线的数据查询和分析需求无法得到及时满足，从而间接制约了商业智能的实际运用和价值体现。

现代的商业智能阶段：这个阶段的商业智能以商业信息价值为导向，业务人员在具有一定的数据分析常识和能力以后，借助由信息技术部门或技术人员构建的现代的商业智能平台直接快速地进行数据分析，则可以使得数据分析流程变得更加敏捷、快速以及交互性更强，从而更能发挥数据分析的价值。同时，依赖于完善的、高度友好的一站式商业智能分析平台，数据分析摒弃了原有的事先固化的报表需求模式，数据分析不再仅对管理者服务。对商业数据感兴趣的人拥有不同数据的权限、站在不同的角度都可以进行各自所需的数据分析，从而真正体现了数据就是财富、数据分析就是竞争力。

现代的商业智能将会成为业界主流的分析范式，依赖于云服务、大数据分析、深度学习、人工智能等技术的完善，商业智能平台的功能逐渐强大，数据分析将逐步"内化"为企业的一种能力，回归到"商业数据分析的价值实质上就是对实际业务过程的支撑力"这一核心宗旨上去。不可避免，非信息技术行业的商业信息管理者和使用者对数据分析能力提升的需求将会越来越强烈。

1.2　商业智能软件概述

现代商业智能分析工具在强大的信息技术支持下，并不是面向信息技术人员的，而是面向不具备信息技术背景的商业数据用户，比如各类业务人员、企业管理者或财务人员以及对这些商业数据感兴趣的投资者、政府监管人员等。下面简要说明目前常见的一些商业智能分析软件及工具。

（1）IBM Cognos

IBM Cognos 商业智能解决方案是基于已经验证的技术平台而构建的，旨在针对最广泛的部署进行无缝升级和经济有效的扩展，能满足各类型用户的不同信息需求。Cognos10 扩展了传统商业智能的功能领域，通过规划、场景建模、实时监控和预测性分析提供革命性的用户体验。该软件已将报表、分析、积分卡和仪表板汇集在一起，并支持用户在微软 Office 等桌面应用程序中分发商业智能数据以及向移动智能终端交付相关信息。IBM Cognos 提供了全面的商业智能解决方案，包括前端工具、在线分析处理工具、数据挖掘工具、企业数据仓库、数据仓库管理器和数据预处理工具等。结合行业用户的业务需要，IBM Cognos 还向用户提供面向政府、电力、金融、电信、石油、医疗行业的商业智能解决方案。

（2）Power BI

Power BI 是微软集团推出的可视化数据探索和交互式报告工具，它能让静态数据转化为动态报表，是一个让非专业数据分析人员也可以有效整合企业数据并快速准确提供商业智能分析的数据可视化神器，是普通用户入门数据分析的优选。

Power BI 包括 Windows 桌面应用程序（Power BI Desktop）、云端在线服务（Power BI Online-Service）和移动端应用（Power BI Mobile），提供了在线发布功能。企业可以在面向公众的平台中嵌入交互式数据可视化模块，或者通过电子邮件、社交媒体共享精彩的视觉对象。

（3）Arcplan

Arcplan 是一家纯第三方专业商业智能分析软件提供商，是分析型报表和信息编辑技术的开创者。Arcplan 以业界领先的前端展现和集成分析、突出的仪表盘驾驶舱和地图钻取分析、面向对象的方便简捷的"信息编辑器"著称，被称为全球最为专业的纯第三方大数据分析软件平台。

（4）微策略（Microstrategy）商业智能

Microstrategy 以用户的高度评价而闻名，其面向多类型不同用户需求提供大数据分析工具和服务。Microstrategy 重视用户的体验，自主研发、有机成长，持续从用户体验角度进行改善，兼顾整合性、易用性、灵活性和弹性的特点，拥有良好的产品售后服务和技术支持能力。Microstrategy 是企业级大数据分析用户理想的选择。

（5）Fine BI

Fine BI 是帆软软件有限公司推出的一款商业智能产品。Fine BI 定位为自主式大数据分析工具，能够帮助企业的业务人员和数据分析人员开展以问题为导向的探索式分析，其产品优势是业务人员和数据分析师可以自助制作仪表盘进行探索，分析数据取值业务并应用于业务，让需求分析数据人员可以自主处理分析数据。与 Fine BI 同步的核心产品还有 Fine Report。Fine Report 专注于固定式数据展现，主要面向信息技术人员，帮助企业快速搭建报表平台，服务于企业日常管理，快速响应管理需求。

（6）Smart BI

Smart BI 是思迈特软件公司旗下的产品。思迈特软件公司成立于 2011 年，致力于为企业客户提供一站式商业智能解决方案。其产品系列主要包括大数据分析平台、数据化运营平台、大数据挖掘平台、SaaS 分析云平台。

（7）亿信 ABI

亿信 ABI 是由亿信华辰公司自主研发的一款融合了数据处理、数据建模、指标管理、数据可视化、数据分析、数据填报、移动应用等核心功能而打造的全能型大数据分析软件。亿信 ABI 可以灵活自由地制作精美的图表和实现大屏可视化，方便开发人员和实施人员快捷地完成页面需求。

（8）Qlik Sense

Qlik Sense 是提供企业大数据分析服务的软件，可以为企业中的每种用户类型提供特定功能。用户友好的自助服务界面可以帮助业务用户实现可视化。数据团队可以使用开放和标准的应用程序编程接口（API）来创建自定义的分析解决方案。Qlik Sense 利用多云工程技术，可以扩展最大的项目，并且还可以提供集中的数据管理和治理功能。

（9）Tableau Desktop

Tableau Desktop 是一款无代码数据分析和可视化软件。企业用户可以通过简化的界面制作精美的直观仪表板。无论它们是位于云应用程序、结构化查询语言（SQL）数据集还是位于数据仓库中，连接到通用数据源都是一个清晰的过程。2021 年，Tableau Desktop 退出中国直营市场这一事件也引起了广泛的关注与讨论。

1.3　为什么是 Power BI?

不可否认，目前各行各业的各种岗位都面临着海量的数据，不仅仅是运营、财务，连人力、审计、行政都必须处理海量且仍然大幅增长的各类数据。每个组织、每个人都认识到了数据的重要性，知道数据中隐含的最大价值，并且对从这些数据中获取有用信息、提高运行效率和促进业务增长寄予厚望。但是，将数据转化为价值并非易事，晦涩的专业词汇和需要投入大量时间和精力的各类编程软件成为很多人的拦路虎。

因此，虽然深知数据分析技能很重要，但是非信息技术专业人士面对的现实情况通常是有想法、有目的的，想探索并发现其中的价值，可无法入手，令人心有余而力不足。怎样才能先人一步将数据技能变成自己的优势呢？应该选择什么样的大数据分析工具呢？

我们在现实生活中经常使用 Excel 电子表格完成一些简单的数据处理工作。因此，我们首先希望这个大数据分析工具应该是足够简单、容易学习的，并且和我们以前用过的 Excel 有相近之处，这样我们会更容易上手。

其次，这个大数据分析工具还不能有太多的编程逻辑以及计算机基础术语出现，这样我们在学习过程中能够更容易掌握。

再次，这个大数据分析工具应该足够方便，支撑文献及参考资料应该足够丰富，应用生态环境应该非常好，这样会使得我们学习起来更容易。

最后，这个大数据分析工具还要功能强大、足够灵活，不依赖技术人员就可以轻松处理海量数据，并实时快速发现数据中硬盘的信息，随时回答业务问题。

当然，这个大数据分析工具还应该是非常"好玩儿"的，数据展示更"酷"的，互动效果更好的，这样才更能吸引非专业人士去学习、使用。

此时我们就需要一个强大的自助商业智能分析工具，而 Power BI 便是其中的佼佼者。

国际权威信息技术研究和分析公司盖特纳（Gartner）每年都会对信息技术行业的各子行业出具一份魔力象限排名，而在商业智能工具领域的报告叫做《商业智能和分析平台魔力象限》，这可以说是信息技术行业权威级的能力分析报告了。魔力象限主要从领导者象限、挑战者象限、有远见者象限、特定领域者象限四个角度展示了各个公司的大数据分析软件。Power BI 连续多年处于领导者地位。

Power BI 实际上不仅仅是一个软件、一个商业数据分析工具，还是一整套的解决方案。它从数据来源、数据准备、数据建模、数据分析以及最后的数据可视化、其他软件的支持与合作都提供了一个非常良好的用户使用环境。

对于初学者来讲，Power BI 与其他自助商业智能分析工具相比具有以下明显优势：

第一，与微软其他产品无缝衔接。Power BI 与微软众多其他工具无缝集成，可以使现有解决方案无缝协作。

第二，数据安全性更高。Power BI 帮助用户分析数据、连接信息并保护不同平台之间的数据安全。

第三，入门更容易。Power BI 的界面外观与使用方式和大家熟悉的 Office 界面类似，从而使用户能很快上手。其中，DAX 函数的基本语法和 Excel 也有很多类似之处，初学者在学习时更容易掌握。

第四，与 Excel 交互操作功能。任何熟悉 Microsoft 的用户都可以很容易地将 Excel 查询、数据模型和报表连接到 Power BI 画布上。这有助于熟悉 Excel 的用户以一种全新的方式快速收集、分析、发布和共享 Excel 业务数据。

第五，初学者使用成本低。Power BI 的核心 Power Desktop 完全免费，在官网可以自由下载。这意味着个人可以完全免费学习和使用，中小企业最初也可以低成本甚至零成本使用。

第六，生态环境良好。截至 2019 年年底，Power BI 已支持 43 种语言，并已在全球部署 40 个数据中心，世界 500 强公司广泛使用 Power BI。

第七，实现更多的用户驱动的快速创新。根据全球超 50 万名成员每年提交的数千个创意，Power BI 不断进行更新，持续改进特性和功能。初学者可以免费或低成本在官网上获得更新。

第八，学习环境更友好。初学者特别是非信息技术人员在学习商业智能工具时需要一个良好的学习氛围，Power BI 相关帮助文档、技术资源、答疑解惑、讲解视频以及图书资源相对其他工具来讲要更为丰富且容易获得。

总之，丰富知识积累和实现技能更新已经成为我们的日常，与其最后迫不得已去学习，不如主动拥抱商业智能，驾驭海量数据，增强自己的竞争力。学习 Power BI 就是其中最有趣的方式了。

1.4 本章练习

单选题

（1）商业智能是（   ）。

A. 一种以有效分析历史数据为目标的意识形态

B. 一种利用数据和统计方法来分析与预测市场行为的策略

C. 一种方法，使企业能够将历史数据转化为有价值的信息

D. 一种可以帮助企业生成报告及分析趋势的应用软件

（2）商业智能软件是（   ）。

A. 一种可以帮助企业生成报告及分析趋势的应用软件

B. 各种社交媒体的工具和技术

C. 帮助审计人员和金融分析师分析数据的软件

D. 针对销售管理、库存管理、采购管理、财务管理等缩小企业活动
覆盖面的管理系统

（3）使用 Power BI 的原因是（   ）。

A. 它可以容易地实现大量复杂数据的可视化

B. 它可以为跨部门的活动提供直观的分析结果

C. 它是一个灵活、可扩展的数据库系统

D. 它可以提供更加实时的数据结果

（4）Power BI 的出品方是（   ）。

A. 微软　　　　　B. 谷歌　　　　　C. IBM　　　　　D. 苹果

（5）与 Power BI 相似的软件有（   ）。

A. Fine BI　　　　　　　　　　B. SPSS

C. Microsoft Excel　　　　　　D. SAS

（6）Power BI 发布的时间是（   ）。

A. 2011 年　　　　B. 2020 年　　　　C. 2013 年　　　　D. 2015 年

（7）Power BI 支持（   ）数据源。

A. Excel　　　　B. SQL Server　　C. CAV 文件　　D. 以上都是

（8）Power BI 由（   ）组成。

A. 预先分析、可视化、报表和仪表板

B. 数据模型、可视化、报表和仪表板

C. 数据模型、可视化、报表和数据源

D. 预先分析、可视化、报表和数据源

2 Power BI 概述

Power BI 是实现商业智能的有效工具，目前已经被运用到了各个行业中。本章在简要描述商业智能价值的同时，简要说明了 Power BI 的主要架构以及如何安装 Power BI Desktop 和账号注册，为 Power BI 学习之旅开启第一步。

2.1 商业智能价值简述

商业智能（BI）作为一个概念，其核心不仅仅是提供一串串数字、一张张报表，更重要的是能理解数字背后的商业行为，进行深层次的数据挖掘。在不同领域，商业智能带给企业的价值无法进行统一描述。以商品销售为例，不同的信息使用者站在不同的角度去分析数据，可以创造不同的价值。

如果从销售行为的角度去分析，信息使用者不仅能分析毛利、毛利率、交叉比、销进比、盈利能力、周转率、同比、环比等各项常见性能指标，也能从类别品牌、用户消费行为、产品日期、周转时间段以及时刻点等角度观察，从而获得完全不同的分析思路支撑销售策略。此外，信息使用者还可以根据海量数据产生销售预估信息、产品销售调整信息等预测性建议。

如果从商品结构的角度去分析，信息使用者可以非常详细地根据商品的类别结构、品牌结构、价格结构、毛利结构、结算方式结构、产地结构等进行分析，从而产生商品广度、商品深度、商品淘汰率、商品引进率、商品置换率、重点商品、畅销商品、滞销商品、季节商品等多种指标，进而可以辅助企业经营管理者进行商品销售调整、优化资源配置、提高行业竞争力。

如果从销售人员管理的角度去分析，信息使用者通过销售人员构成、销售人员人均销售额等分析，可以达到考核员工业绩、提高员工积极性，并为人力资源的合理利用提供科学依据。

总体来看，商业智能可以搜集、分析、管理各种结构化和非结构化数据，帮助企业的管理层进行快速、准确的决策，迅速发现企业中的问题，提示管理人员加以解决。虽然商业智能并不能为企业带来直接的经济效益，但是我们必须看到，商业智能为企业带来的是一种经过科学武装的管理思维。从财务分析的角度来看，商业智能的价值主要体现在以下几个方面：

（1）提供精准决策支持

商业智能可以实现数据实时更新、数据可视化等，使财务决策的依据更加丰富、过程更加智能、结果更加准确。企业在做决策的时候，除了数据信息，往往还需要参考非数据信息。商业智能可以做到让数据信息与非数据信息有效融合，有助于信息使用者更好地了解企业，从而制定出最佳决策。

（2）增强企业监管和风险管理能力

商业智能可以直接通过对原始业务的数据分析建立商业智能风险预警模型，发现企业存在的潜在风险；建立财务稽核模型，完成经营过程中对工作的诊断和审视。当出现相关风险时，企业可以随时调整其经营策略来应对风险，降低风险带来的损害。销售行业等可以通过对销售人员销售行为习惯的分析，发现异常销售并及时补救。

（3）增强业务管理能力

商业智能可以使企业经营者和信息使用者花最少的时间与精力去管理、使用、分析各类数据，加快决策进程。商业智能使正确的信息在最短的时间内流向各类相关人员。例如，企业决策者可以通过监控关键绩效指标，掌握业务执行状况，以便及时调整决策。

（4）共享促进企业高质量发展

商业智能可以运用在企业的许多方面，如战略分析、风险控制、战略管理等，为企业方方面面的发展创造了价值。企业可以通过商业智能找寻新的价值增长点，推动企业业财融合，有利于企业资金的集中掌控，有利于企业提高资金管理效率、使用效率，有利于企业规避一些运营风险，为企业带来资金管理价值。

（5）改善客户关系

企业利用商业智能对客户的交易记录等相关资料进行处理与挖掘，针对不同类型的客户采取相应的服务策略。商业智能有时也被称为"客户智能"。它使企业逐步由"以产品为中心"转向"以客户为中心"，进一步提升客户的满意度和忠诚度，提高企业品牌价值和降低企业经营成本。例如，电信行业等可以应用数据挖掘技术对客户消费进行分析，发现潜在流失客户，以保持良好的客户忠诚度。

2.2 Power BI 的主要架构

  Power BI 是领先的商业智能平台，提供了直观的用户体验和行业领先的高级分析功能。组织可以利用 Power BI 内置的人工智能功能汇集数据，在几秒内即可完成分析并揭示深层见解。

  Power BI 是微软公司推出的自助商业智能分析工具，它不仅仅是在计算机中安装的一个软件，而是一系列的软件和服务。Power BI 软件和服务示意图如图 2-1 所示。这些软件和服务以及应用协同工作，不管数据是本地数据文件、本地混合数据仓库，还是基于云的数据仓库，Power BI 都可以轻松管理，并进一步转换为数据模型，最终形成可交互的可视化报告，并实现共享。

图 2-1   Power BI 软件和服务示意图

  微软公司针对不同的客户需求提供了不同的服务，微软公司官网的 Power BI 系列产品的产品结构如图 2-2 所示。下面简要介绍本书需要使用的 Power BI Desktop（Windows 桌面端应用）、Power BI Online-Service（Power BI 在线服务）以及在移动终端上也可以用的 Power BI Mobile（Power BI 移动端应用）。

图 2-2   Power BI 系列产品的产品结构

（1）Power BI Desktop

Power BI Desktop 是 Power BI 桌面应用程序，主要为分析人员设计和使用，可以在个人电脑端开展数据获取、数据整理、数据建模、数据可视化等一系列数据分析工作。同时，Power BI Desktop 也允许将创建的报告发布到 Power BI Online-Service 中。我们平时学习使用 Power BI 最多的就是 Power BI Desktop，它是完全免费的，可以直接在官网上下载。本书的主要内容也是在介绍和使用 Power BI Desktop 相关模块。

（2）Power BI Online-Service

Power BI Online-Service 是一项在线服务，其主要功能除了将桌面端的可视化分析报表发布到在线服务平台上，共享给企业内外的相关人员以外，还支持用户不受时间和地点的限制，在任何地方编辑和修改报表。微软公司提供的在线编辑工具还可以对组合发布的报表使用分享功能，并发送到指定邮箱或嵌入业务系统中，同时不必考虑数据安全和同步问题。

（3）Power BI Mobile

Power BI Mobile 适用于安卓、苹果移动端，是一个较为友好的移动应用程序，可以让用户获得触手可及的交互数据报表。无论是开发者还是决策者，都可以随时在移动端根据赋予的权限查询，探索分析相关数据，并合理做出决策。

一种常见的 Power BI 数据分析工作流程如下：

用户将数据导入 Power BI Desktop 并完成数据分析、建模、创建报表等。

用户将数据分析成果发布到 Power BI Online-Service，并在该服务中创建新的可视化效果或根据需要进行共享。

用户可以随时随地在 Power BI Mobile 查看数据分析结果。

2.3 安装 Power BI Desktop

Power BI Desktop 经过多年发展以后成为真正意义上的自助式商业智能分析工具和数据可视化工具。通常认为，Power BI Desktop 由以下四个主要功能模块组成：

用户通过调用 Power Query 来获取和整理数据。

用户通过调用 Power Pivot 进行数据建模和建立各类分析数据。

用户通过调用 Power View 和 Power Map 进行数据可视化，生成各类交互式报表和地图。

其中 Power Query 作为单独的应用程序被 Power BI 调用；而 Power Pivot、Power View 和 Power Map 已经整合到 Power BI Desktop 中了。

（1）安装 Power BI Desktop

安装 Power BI Desktop 非常简单，如果计算机操作系统为 Windows 10，用户进入 Microsoft Store 搜索 Power BI Desktop 单击安装即可。用户也可以登录微软 Power BI 官网（https://Power BI.microsoft.com/zh-cn/），在产品中选择 Power BI Desktop 单击下载即可。Power BI 官网如图 2-3 所示。

图 2-3　Power BI 官网

用户在安装过程中需要根据计算机的操作系统选择 32 位或 64 位的安装包。在官网上直接下载安装或在 Microsoft Store 安装之后，软件更新时会提示用户。

安装完成后，系统每一次启动后会提示注册或登录，用户可以用企业电子邮箱或学校电子邮箱注册。用户如果暂时不想注册，也可以直接跳过。Power BI Desktop 的大部分功能在不注册时同样可以使用。

（2）Power BI 账户与注册

对于初学者而言，特别是在早期，其实际上有很长一段时间都只是在和 Power BI Desktop 打交道。如果想将制作的可视化图表进行在线发布、查看和编辑，用户就要启动 Power BI Online-Service 功能。如果想要在手机移动端查看前期的可视化报表成果，用户必须启动 Power BI Mobile。此时，用户就必须要注册 Power BI 账号了。

实际上，Power BI Desktop 每一次启动时，都会提示注册或购买 Power BI。系统提示如图 2-4 所示。

图 2-4　系统提示

　　用户点击"立即购买"，系统将会自动跳转到微软 Power BI 官网。用户完成注册之后就可以使用相应的功能了。注册界面如图 2-5 所示。

图 2-5　注册界面

　　用户如果不想注册，可以点击"开始使用"按钮，之后弹出电子邮件输入界面（如图 2-6 所示）。用户直接点击"取消"，此时仍然可以进入 Power BI Desktop。

图 2-6　电子邮件输入界面

（3）关于 Power BI 收费

Power BI 根据不同的业务需求提供不同的收费模式。收费模式如图 2-7 所示（2023 年 1 月）。

图 2-7　收费模式

Power BI Service 在中国不提供免费使用的账户，但新注册的用户可以免费试用 30 天的服务。

Power BI 要求注册输入的电子邮件地址必须是工作电子邮件地址或学校电子邮件地址，公共邮箱和个人邮箱均不能注册。

用户根据系统提示完成密码设置和个人信息设置。账号注册成功之后，用户就可以使用 Power BI Online-Service 和 Power BI Mobile 的功能了。

2.4　本章练习

简答题

（1）Power BI 系列产品的产品结构主要有哪些？

（2）Power BI Desktop 的系列组件包括哪些？各自有什么作用？

实训题

（1）下载并安装桌面端应用程序 Power BI Desktop。

（2）注册个人的 Power BI Desktop 账号。

3 体验 Power BI

基于 Power BI 的数据分析又被称为自助式商业智能分析，主要原因是 Power BI 不再需要使用者具有大量数据库、编程背景知识及其他技术背景知识，非常适合非计算机专业人士使用，从而使得财务、管理、金融等行业的从业人员可以充分利用自身业务理论背景知识独立完成高质量的数据分析工作。本章以一个相对简单的实例展示 Power BI 数据分析的大致过程，使学习者能够在较短时间内体验到 Power BI 的快捷和自助式特性，从而激发学习者的学习兴趣。后续章节将逐渐加大难度，使学习者能够更好地学习和运用 Power BI。本章将使用"案例数据 \ 项目二 \ 体验 Power BI.xlsx"文件完成。

3.1 Power BI Desktop 界面

Power BI Desktop 界面如图 3-1 所示，主要由菜单栏、视图和报表编辑器三部分构成。

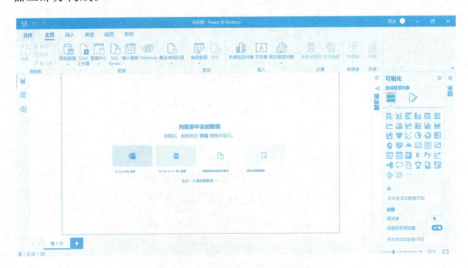

图 3-1 Power BI Desktop 界面

Power BI Desktop 的菜单栏主要有文件、主页、插入、建模、视图、帮助等菜单，和我们常见的 Office 系列软件的菜单栏非常类似，即将整个软件的若干功能大致进行分类，放到每个菜单下，并以按钮、下拉菜单等方式方便用户使用。学习者在学习过程中会对这些功能越来越熟悉。

Power BI Desktop 有三种视图，三种视图的切换按钮在屏幕的左边。视图切换按钮如图 3-2 所示，从上到下依次是报表视图、数据视图和模型视图，默认情况下为数据视图。理解三种视图的用途对初学者来讲非常重要。

图 3-2　视图切换按钮

（1）报表视图

报表视图（report view）具有"画布"，供用户在上面添加图表，完成仪表板布局。几乎所有的数据可视化工作都是在此界面上完成的。和 Excel 工作表非常类似，用户可以通过点击页面"+"图表来增加画布页数。窗口通常会出现三个可折叠窗口。可折叠窗口如图 3-3 所示。可以看到，"可视化"窗口里有很多不同的图表供用户选择，用户可以根据自己的需要选择合适的可视化图表呈现在画布上。"筛选器"和"字段"窗口中的相关设置将配合完成相应的图表设置和交互。

图 3-3　可折叠窗口

(2) 数据视图

数据视图 (data view) 集中展示了文件中包含的所有数据表格。用户在建立数据模型和进行数据分析时经常需要查看数据。在数据视图下，用户可以像看 Excel 表格一样看到每一列的数据类型，并可以通过点击界面右边"表格"窗口查看不同表格内的具体内容。数据视图如图 3-4 所示。但是，数据视图远非仅仅只是查看表格，它实际上应该是整个工作流最"费时"的窗口了。用户在分析过程中建立的表、新建度量值、新建列等都需要在该视图下进行。

图 3-4　数据视图

（3）模型视图

模型视图（model view）是在 Excel 中从来没有出现过的一个"新概念"。在模型视图下，用户看到的不是一个表，而是整个文件中所有的表格。模型视图展现的不是表格里面的具体内容而是表格的结构以及表和表之间的关系。模型视图如图 3-5 所示。若表的字段过多，每一个表格下方将会以"展开"或"折叠"方式进行显示，表和表之间不同的连线表明了表和表之间不同的关系。在模型视图下，用户可以看到数据模型是什么样的，这些关系将会对数据分析以及在报表视图下图表的输出产生非常重要的影响。

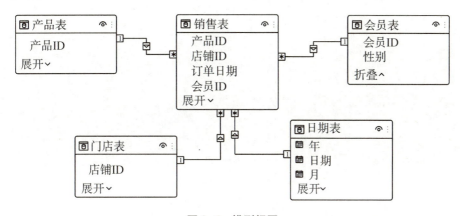

图 3-5　模型视图

这三个视图对于一次数据分析任务来讲缺一不可。用户通过数据视图了解数据的内容，通过模型视图了解表格之间的关系以及它们是如何被联系起来的，在此基础上使用图表呈现有效的、有创意的可视化。

另外，用户需要特别注意的是，负责数据清理和整理的 Power Query 并没有在 Power BI Desktop 窗口中，而是一个单独的窗口，但需要在 Power BI Desktop 窗口中启动，这在本书第四章中会进行详细说明。

对于初学者来讲，用户刚开始使用 Power BI 的时候有可能会花费大量的时间在具体的可视化上。但是，随着使用的深入，用户会逐渐花很多时间建立有效数据模型。有这样一种说法：一个报告中 90% 的图表应该在 10 秒内显示出来，因此如果数据模型不合理，图表显示缓慢，报告使用者就会失去耐心。

3.2　单一 Excel 表格数据获取

Power BI 实际上是从 Excel 工作簿中获取数据，用户在实际操作中可以根据需要选择一个或多个 Excel 表格添加数据。本节将使用"案例数据 \ 第三章 \ 体验 Power BI.xlsx"文件完成。

步骤 1：Power BI Desktop 中提供了三种可以导入 Excel 数据的快捷方式。导入 Excel 数据的快捷方式界面如图 3-6 所示。

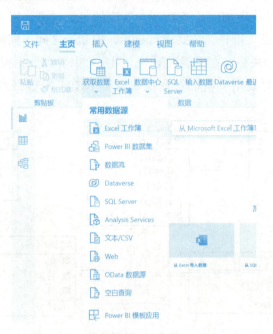

图 3-6　导入 Excel 数据的快捷方式界面

步骤 2：确定文件所在文件夹以后，单击"打开"按钮，将会看到 Excel 工作簿中的所有表格；根据需要选中相应的 Excel 表格（本例中需要的表格为"IT 销售表"）。表格导航器如图 3-7 所示。用户点击"加载"按钮后，即可在 Power BI 中获得需要分析的数据。

图 3-7　表格导航器

步骤 3：用户点击屏幕左上角的"保存"按钮，选择合理保存位置以及文件名，单击"保存"按钮，得到 Power BI 数据建模文件（文件后缀名为.pbix）。

3.3 简单数据建模实现

用户通过 Power BI 的各种智能化建模工具，可以完成各种非常复杂的数据建模和分析。其中，DAX 表达式可以说是 Power BI 数据建模的核心。很多数据建模和分析都离不开 DAX 表达式（data analysisi expression）。DAX 是公式或表达式中可用于计算并返回一个或多个值的函数、运算符或常量的集合。DAX 本身是一种函数语言，其中可以包含嵌套函数、条件语句和值引用等其他内容。DAX 的执行从最内部的函数参数开始，之后逐步向外计算。DAX 表达式是本书的重点和难点之一，将在后面的章节中逐渐介绍。用户在最初接触 DAX 表达式时，可以将其理解为"一个用于计算的具有固定格式的表达式"即可。

用户仔细观察前面导入的表格就会发现，销售表中只有"单价"和"销售数量"两列，并没有销售金额。为了更好地反映每笔交易的销售金额，用户可以考虑新建"销售金额"列。其步骤如下：

步骤 1：用户在数据视图模式下，选择"IT 产品销售"，执行"表工具"→"计算"→"新建列"。新建列如图 3-8 所示。

图 3-8 新建列

步骤 2：用户在公式编辑栏输入"销售金额 =［单价］*［销售数量］"，点击"确定"后即可添加一列。注意："="被认为是 DAX 表达式的开头，而"［］"在这里用来引用列名（这些符号都是英文输入状态下的符号）。用户会发现，系统的智能感知将会帮助用户输入目前已知的各个列名而不需要用户逐一录入。实际上，系统的智能感知功能（见图 3-9）会帮助用户输入绝大部分的列名和表名等。

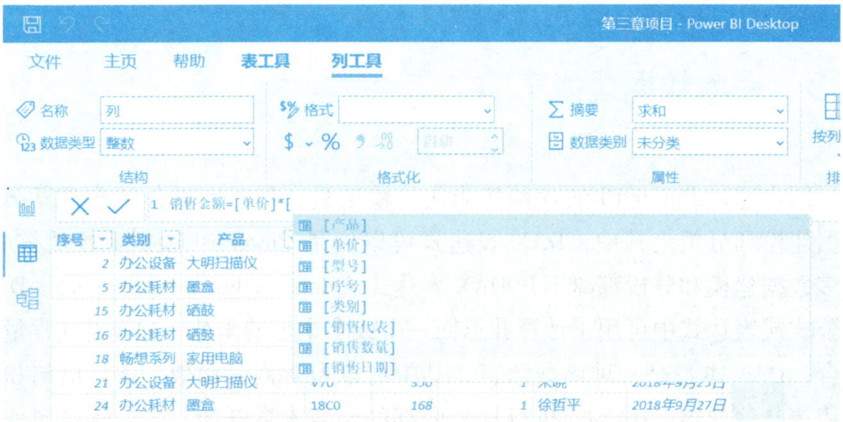

图 3-9　智能感知功能

提示：这里新加的一列并不会出现在原有的 Excel 表格中。

紧接着，用户需要计算"销售总额""销售总量"和"平均销售额"。在这里，用户需要添加三个度量值。在最初理解度量值的时候，用户可以将其看成 Power BI 通过 DAX 表达式创建一个虚拟字段的数据值，用于完成用户对数据的分析和计算。度量值既不改变源数据，也不改变数据模型。本任务简单实现对前述表格中销售总额、销售总量以及平均销售额的分析。它们的 DAX 表达式分别如下：

销售总额 = sum('IT 产品销售'[销售金额])

销售总量=sum('IT 产品销售'[销售数量])

平均销售额 = [销售总额]/[销售总量]

步骤 3：用户在数据视图模式下，选择"IT 产品销售"，执行"表工具"→"计算"→"新建度量值"。

步骤 4：用户在公式编辑栏输入度量值公式"销售总额 = SUM('IT 产品销售'[销售金额])"（见图 3-10）。

图 3-10　输入"销售总额"公式

用户会发现，这个 DAX 表达式中出现的 sum( )函数的基本功能和用法与 Excel 类似。它们的名称相同，参数用法也类似。因此，一些基础的 DAX 表达式确实简单易学，用户只要理解其基本原理就能熟练使用。但是，DAX 表达式的深度应用还是有一些难度，本书在后续章节中会逐渐加强其运用。

步骤 5：用户可以分别设置销售总量、平均销售额两个度量值。

需要特别注意的是，新建列和新建度量值并不是同一个概念，新建列会直接体现在表格中，而新建度量值则不会（实际上，度量值独立于表格，本书后续章节会有相应说明）。用户在界面右边的"字段"窗口下方可以看到刚才的新建列和度量值，新建度量值如图 3-11 所示。用户应注意观察图表的不同。

图 3-11　新建度量值

3.4　数据可视化初探

在上一节中，我们分析了原始数据表格中的销售总额和销售总量以及平均销售额，接下来就需要将这些分析结果展示出来。数据可视化就是在 Power BI 报表页插入各种图表等可视化元素来展示数据。Power BI 自带了数据分析常用图表元素，如条形图、柱形图、折线图、卡片等。同时 Power BI 允许用户从相关网站下载个性化的图表元素，进行更加友好的可视化展示。Power BI 的数据可视化可以看成其最强大和最实用的功能，也是其吸引用户的重要原因之一。

从数据分析的角度来看，不同的图表元素所展示的数据重点是不一样的。例如，我们通常用饼图来表示各个组成成分的占比，用折线图来表示数据变化的趋势等。这里我们使用卡片图和饼图。

步骤1：用户单击窗口左侧的"报表"按钮，切换到报表视图模式（这里将展示前面的数据分析成果）。"报表"按钮如图 3-12 所示。

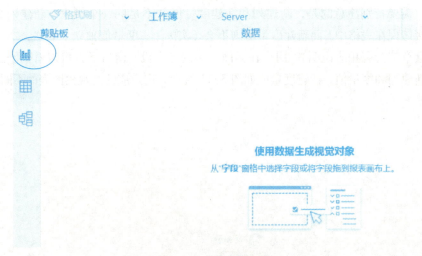

图 3-12 "报表"按钮

步骤2：用户单击窗口右侧的"可视化"中的"卡片图"按钮，之后将"字段"中的"销售总额"度量值拖拽到卡片图的"字段"中去。卡片图的属性如图 3-13 所示。这时用户可以在主界面看到本项目的销售总额为200 万元。

图 3-13 卡片图的属性

步骤 3：用户可以再次插入两个新的卡片器用于展示销售总量和平均销售额。用户分别设置销售总量、平均销售额两个度量值。卡片图可视化结果如图 3-14 所示。用户可以发现，展示的值及名称实际上与用户设置的度量值名称是一致的。随着数据建模和分析逐渐复杂，好的命名习惯会给用户带来很多方便。

图 3-14　卡片图可视化结果

步骤 4：卡片图用于重点突出显示关键数据，通常是"一个值"，比如这里的销售总额、销售总量以及平均销售额。用户可以继续插入一个饼图。其中将"图例"属性值设置为产品名称，将"值"属性设置为"销售金额"。饼图的属性如图 3-15 所示。

图 3-15　饼图的属性

此时，用户可以在主界面中看到饼图展示了不同商品的销售金额的占比情况。饼图可视化效果如图 3-16 所示。用户仔细观察饼图会发现，图中自动标识了每个产品的名称以及对应的销售金额和占比。实际上，Power BI 可以自动展示或者标识一些常见的图表元素的属性，比如名称、数值等。这些默认的属性一般都不需要再另行设置，这对于普通用户来讲非常方便。当然在 Power BI 也允许对几乎所有的图表元素进行不同程度的格式设置，这在后续的章节中会有进一步的说明和介绍。

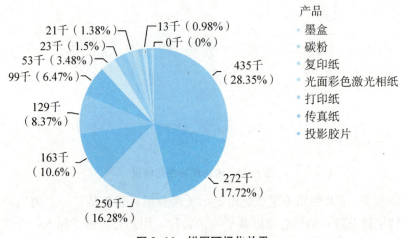

图 3-16　饼图可视化效果

3.5　本章练习

实训题

请对信息技术产品销售表做以下分析和操作：

（1）请将信息技术产品销售表导入 Power BI Desktop，完成 Power BI 文件保存、打开等操作。

（2）熟悉 Power BI Desktop 的几个视图及作用。

（3）实现每笔记录的销售额的计算。

（4）实现总销售额的计算。

（5）实现总销售额的可视化。

（6）实现每个销售员工销售业绩的占比分析。

4 Power BI 初步数据分析实践

本章将通过操作性很强的例子让读者对 Power Query 编辑器有一个初步认识，能够区分一维表和二维表，并完成数据的拆分、提取和合并、数据类型转换等常见的数据清理工作。本章在此基础上开启读者对 DAX 数据分析表达式的学习，并使读者实现一些初步数据分析结果可视化。本章通过实例教学让读者对 Power BI 建模有一个基本印象，能够逐渐理解 Power BI 数据分析基本步骤。

4.1 Power Query 编辑器初识

Power BI 可以连接各种形式、各种来源的数据。但是，从各种来源获取的数据一般很可能无法直接用于数据分析，它们需要进行整理。这个过程被称为数据整理或数据清洗，目的是提高数据可用性。Power BI 通过内置的 Power Query 完成数据清洗 Power Query 被看成微软的一种数据连接和数据准备技术，这种技术可以使用户无缝访问多个数据源中的数据并精确操控数据。

在 Power BI 中，用户默认看到的是 Power BI Desktop 界面。在正常导入各种数据以后，用户就可以在"数据"视图中看到被导入的数据。此时的数据能够被 Power BI 识别，但不一定能够正常分析和处理，用户需要根据实际情况进行数据清洗。常见的数据清洗操作有提升标题、更改数据类型、删除错误或空值、有意义的数据填充、拆分、提取和转置等。这些有关数据清洗的功能都可以在 Power Query 中实现。当数据正常导入后，用户通过 Power BI Desktop 界面中的"主页"→"转换数据"命令就能进入一个新的窗口界面。这个界面就是 Power Query 窗口。Power Query 窗口如图 4－1 所示。

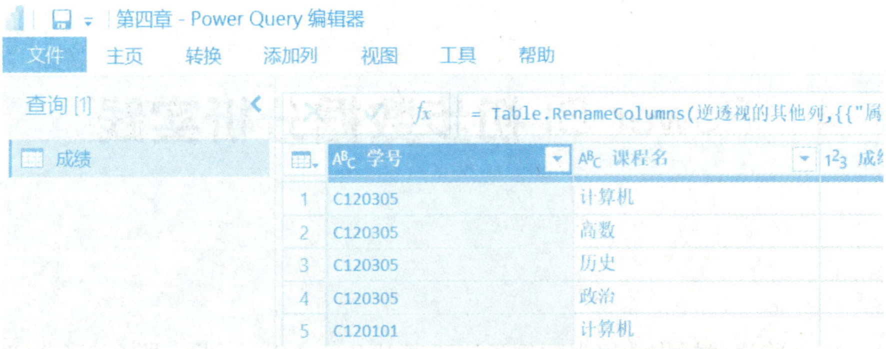

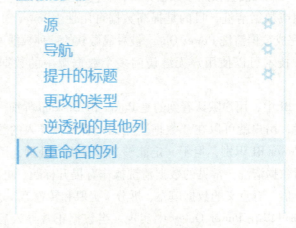

图 4-1 Power Query 窗口

一般来讲，导入后的数据必须要经过适当清洗后，才能开始后面的数据分析工作。实际上需要进行哪些数据清洗工作则是用户根据实际需求以及数据特点"量身定做"的，因此熟练掌握 Power Query 使用技能在数据分析过程中非常重要。

Power BI 中的 Power Query 已经不需要用户掌握复杂的函数，用户仅使用界面上的功能即可完成大部分数据处理工作，并且对处理过程加以记录。用户可以随时查看所进行的数据处理并允许撤销前面的操作。已操作的步骤如图 4-2 所示。

图 4-2 已操作的步骤

现在读者对这个界面可能还比较陌生，但通过本章之后的练习和运用，读者会逐渐熟悉它。通常，用户在退出 Power Query 窗口时需要对开展的数据清洗工作进行保存，这样才能将原来的"脏数据"变成"干净数据"，进而开始后面的数据分析工作。数据清洗工作不会改变原始数据文件。

4.2　区分一维表和二维表

数据分析的源数据的规范性将直接决定数据分析的质量。Power BI 通常使用一维表。实际上，人们在日常生活中最常见的并不是一维表，而是二维表，甚至是三维表，因为这种表格更符合我们日常的阅读习惯，信息更浓缩，适合展示结果。日常生活中常见的表格形式如图 4-3 所示。另外，我们可以很明显地看到，Excel 表格中的表头实际上只是为了方便人们查看，在数据分析中并没有任何意义，甚至还有可能引发错误。

	A	B	C	D	E	F	G	H	I
				第一学期期末成绩					
	学号	姓名	班级	计算机	高数	历史	政治	总分	平均分
	C120305	法律	3班	92	91	86	86	355	89
	C120101	包宏伟	1班	88	69	99	46	302	76
	C120203	吉祥	2班	86	86	73	92	337	84
	C120104	刘康锋	1班	78	88	86	74	326	82

	A	B	C	D	E
1	地区	第1季	第2季	第3季	第4季
2	东部	300	320	400	450
3	西部	100	130	150	180
4	南部	320	350	460	500
5	北部	210	290	310	370

图 4-3　日常生活中常见的表格形式

一维表的每一列是一个维度，列名就是该列值的共同属性；一维表的每一行是一条独立的记录（见图 4-4）。我们通过仔细对比后会发现，一维表就是简单的字段、记录的罗列，每一列是一个独立的维度，而列名或字段名就是数据分析的基础。本章以后的 DAX 表示中都会直接使用列名，因此读者在数据分析过程中应尽量使用一维表。

	地区	季度	销售额
2	东部	第1季	300
3	东部	第2季	320
4	东部	第3季	400
5	东部	第4季	450
6	西部	第1季	100
7	西部	第2季	130
8	西部	第3季	150
9	西部	第4季	180
10	南部	第1季	320
11	南部	第2季	350
12	南部	第3季	460
13	南部	第4季	500
14	北部	第1季	210
15	北部	第2季	290
16	北部	第3季	310
17	北部	第4季	370

图 4-4　一维表

我们可以在 Power BI 中使用数据的透视完成一维表转换成二维表。若没有特殊情况，此种转换很少使用。逆透视是 Power BI 中 Power Query 编辑器非常重要的功能，主要实现的是二维表和一维表之间的转换。下面介绍实现逆透视的一般步骤（文件位置：案例数据 \ 第四章 \ 逆透视实例.xlsx）。

步骤 1：用户按照前述章节的步骤将 Excel 文件中的成绩表格导入 Power BI 中，并保存为合适的建模文件。

步骤 2：用户启动 Power Query 编辑器，如图 4-5 所示。

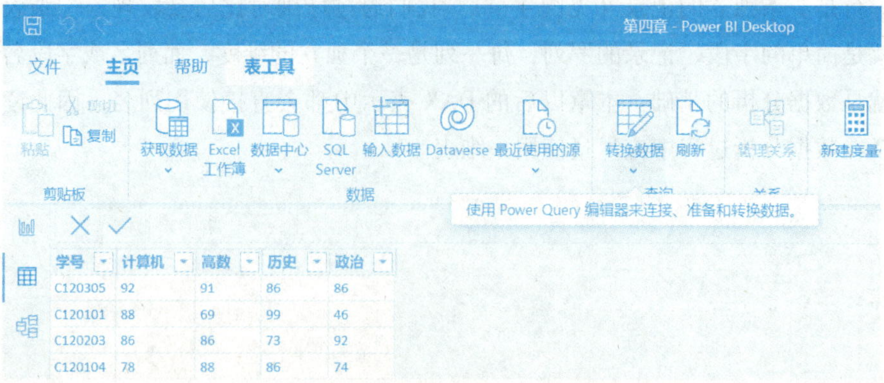

图 4-5　启动 Power Query 编辑器

步骤 3：用户在 Power Query 编辑器窗口中执行"转换"→"表格"→"将第一行用作标题"（见图 4-6），从而将首行提升为标题。

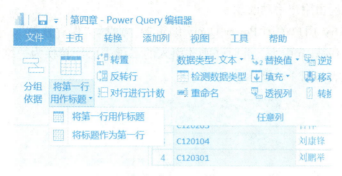

图 4-6　提升标题

步骤 4：用户选中首列，然后执行"转换"→"任意列"→"逆透视其他列"（见图 4-7）。

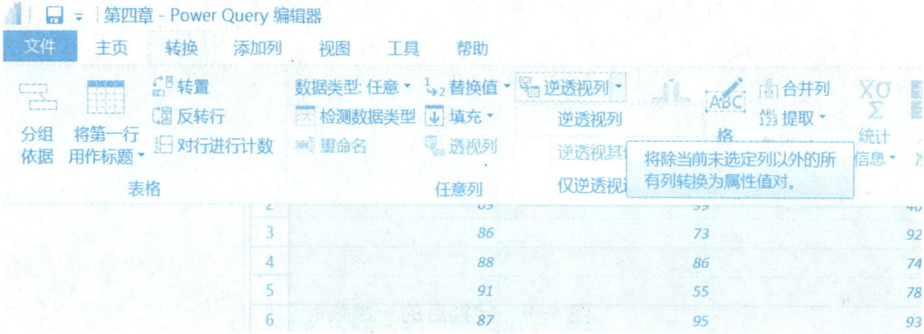

图 4-7　逆透视其他列

步骤 5：将转换完成的字段标题"属性"按需改成"课程名"，字段标题"值"改为"成绩"（见图 4-8）。

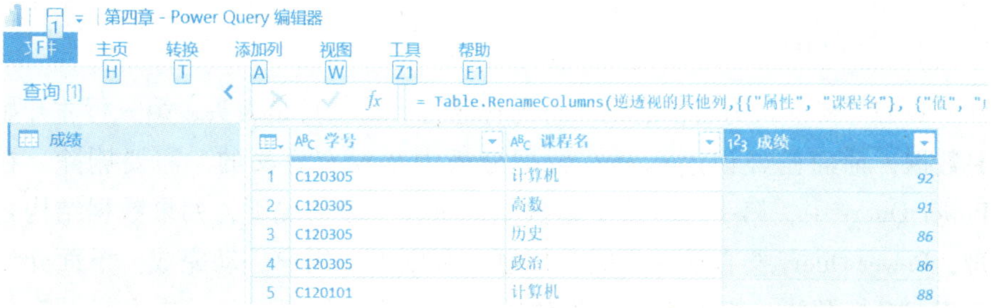

图 4-8　更改字段标题

需要说明的是，这里的逆透视操作，需要逆透视的列有 4 列，分别是 4 门课程的成绩，而学号只有一列，因此在操作上选择的是"选首列"，之后选择的是"逆透视其他列"。用户也可以选中第二列以后，按住"Shift"

键，之后选中最后一列，选定除首列以外的其他列，再执行"仅透视选定列"，从而达到相同的效果。透视或逆透视等操作生成的列名通常都需要根据实际情况由用户手动改动。

步骤 6：用户关闭 Power Query 编辑器，选择"保存修改"，重新回到 Power BI Desktop 中去。此时，刚才引入的二维表已经转换为一维表。转换后的一维表如图 4-9 所示。

图 4-9　转换后的一维表

4.3　表格数据整理常见操作

4.3.1　提升标题

我们习惯上认为表格的第一行为标题行、第二行是表头、第三行才开始是数据，前面已经说过标题在数据分析中是没有意义的，需要删除。在 Power Query 中，第一行就需要是数据记录。一般情况下，如果数据结构合理，Power Query 会自动完成提升标题，否则需要用户手动完成。下面介绍实现提升标题的一般步骤（文件位置：案例数据 \ 第四章 \ 提升标题实例 .xlsx）。

步骤 1：用户导入成绩单 Excel 表单，原始数据如图 4-10 所示。用户仔细观察表头可以看到，由于原始 Excel 表格有合并单元格形成的标题，之后有制表人及日期，因此该表格数据并不适合直接进行数据分析。

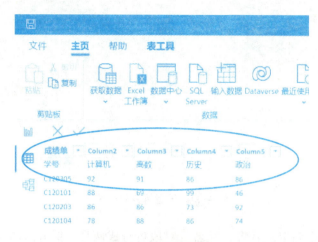

图 4-10 原始数据

步骤 2：用户进入 Power Query 编辑器。

步骤 3：用户在 Power Query 编辑器窗口执行"主页"→"减少行"→"删除行"→"删除最后几行"命令，将后面 3 行删除。

步骤 4：用户执行"转换"→"表格"→"将第一行用作标题"命令。

步骤 5：用户提升标题以后的表格仍然需要进行逆透视转换为一维表才能开展后续工作。

另外，用户单击"将第一行用作标题"旁边的下拉按钮，还有一个"将标题作为第一行"选项，实际上就是拉低标题。这个操作有的时候也需要使用。

4.3.2 数据的拆分、提取和合并

在数据清洗中，用户根据需要对原始数据进行提取和合并操作。在 Power BI 中 Power Query 编辑器的"转换"菜单有相应的功能。下面介绍实现数据拆分、合并和提取的一般步骤（文件位置：案例数据 \ 第四章 \ 数据拆分合并和提取实例.xlsx）。

假设根据数据分析的需要，用户要完成以下操作：第一，将姓名字段分解为姓和名；第二，提取出身份证号码中的出生年份；第三，将专业编号和学号合并形成学号。

步骤 1：用户加载案例数据后，在 Power Query 编辑器窗口选中"姓名"列，执行"转换"→"文本列"→"拆分列"→"按字符数"命令，输入拆分字符数为"1"，选择拆分模式为"一次，尽可能靠右"，设置拆分列属性如图 4-11 所示。

图 4-11 设置拆分列属性

用户点击确定以后将"姓名"字段拆分成两列，拆分后的字段名分别改为"姓"和"名"即可。

这种方法并没有保留原有的字段，用户如果想将原有的姓名字段保留，则需要在 Power Query 编辑器窗口选中"姓名"列，执行"添加列"→"常规"→"重复列"命令，将"姓名"列复制一份。此时将出现新的一列，名为"姓名－复制"。之后用户在这一新列上实现拆分操作即可。

数据拆分是指将列的内容拆分至多列中。在 Power BI 中常见的拆分列的方式如表 4-1 所示。

表 4-1 常见的拆分列的方式

常见拆分方式	主要含义
按分隔符拆分	按字符串中某个特定的分隔符，如"－""/"等进行拆分。一般需要手工确定分隔符位置，如最左侧、最右侧，或者每次出现
按字符数拆分	按指定的字符数进行拆分，如一次尽可能靠左、一次尽可能靠右等
其他拆分方式	按数字到非数字（或非数字到数字）的转换、按照大写到小写的转换等

数据拆分一般都需要根据字段本身的特性手动进行设置，比如范例中使用的就是"按字符数拆分"方式进行拆分的。显然，若出现复姓，用户需要单独进行处理。

步骤 2：用户首先选中"身份证号码"列，将其由原来的整数类型转换为文本，设置字段类型如图 4-12 所示。

图 4-12　设置字段类型

步骤 3：用户执行"添加列"→"从文本"→"提取"→"范围"命令，在提取范围对话框中将起始索引设为 6，将字符数设为 4，设置提取文本属性如图 4-13 所示。用户点击"确定"以后将新出现的字段名改为"出生年份"即可。

图 4-13　设置提取文本属性

数据提取是指从文本中提取需要的指定字符。Power BI 常见的提取方式如表 4-2 所示。

表 4-2　常见的提取方式

提取方式	主要含义
按长度	提取指定长度的字符串
首字符/尾字符	从首位/末尾提取指定长度的字符串
范围	按照指定范围和长度提取字符串
分隔符方式	以某个固定的分割符为标志提取字符串

数据提取一般也是需要根据字段本身的特性手动进行设置的，比如范例中使用的就是"按范围"方式进行提取。这是因为身份证号码中的年份是从第 7 位开始的 4 位字符（起始位置从 0 算起）。这里必须要特别注意的是，

数据提取是针对文本类型的，而有些原始数据中的数据类型是整数，数据类型的转换必须要事先完成这一步。

步骤4：用户选中"专业编号"，按住"Shift"键，然后选中"学号"，这样将同时选中两列。用户执行"转换"→"文本列"→"合并列"命令，并设置无分隔符和命名新列为"新学号"。设置合并列属性如图4-14所示。此时用户将实现两列合并。

图4-14 设置合并列属性

显然数据的合并也是针对文本类型的。数据的合并是将选中的多列数据合并到一列中执行转换命令。用户在 Power Query 编辑器中合并列后原列将被删除，而在使用添加列菜单合并列后原列将被保留。

4.3.3 数据类型转换和确认

Power BI 中的数据类型对数据分析非常重要，但初学者常常将其忽略。Power BI 中的数据类型包括数值型、日期和时间类型、文本类型等。数据类型如表4-3所示。

表4-3 数据类型

类型		备注
数值型	小数	表示64位浮点数
	定点小数	小数点位置固定，小数点后固定为4~19位有效数字
	整数	表示64位整数值
日期和时间类型	日期	仅表示日期
	时间	仅表示时间
	日期/时间	表示日期和时间值
	持续时间	表示时间的长度，数据加载后，可将其与日期/时间字段执行加法和减法运算
文本类型		为 Unicode 字符串
TRUE/FALSE		表示逻辑值 TURE 或 FALSE
空/null 型		—

　　各种数据源的数据被导入 Power BI 后，数据类型与源表相比可能会发生变化。例如，在 Excel 中经常使用文本类型表示年份，如在源表中是文本类型数据"2021 年"，但在 Power BI 中导入后，系统将其作为日期类型，其值为"2021 年 1 月 1 日"。

　　另外，DAX 公式中可能会执行一些隐式或显式的数据类型转换。例如，函数参数要求为期，而提供的参数为字符串，DAX 会尝试将其转换为日期时间类型；DAX 公式会自动将非零整数参数默认为 TRUE，将 0 默认为 FLASE。但这种隐式或显式的数据类型转换并不能保证是成功的或正确的。

　　数据类型转换比较容易实现，列前面的图标通常表示列的类型，用户点击图标即可修改对应数据类型。更改列类型如图 4-15 所示。对于初学者来讲，其应该在使用 DAX 表达式之前养成注意观察参数类型与自己的字段类型是否一致的习惯。

图 4-15　更改列类型

　　数据类型的改变将有可能改变对应字段的值。如图 4-16 所示的是"2021 年"作为文本和日期型显示出来的状态。

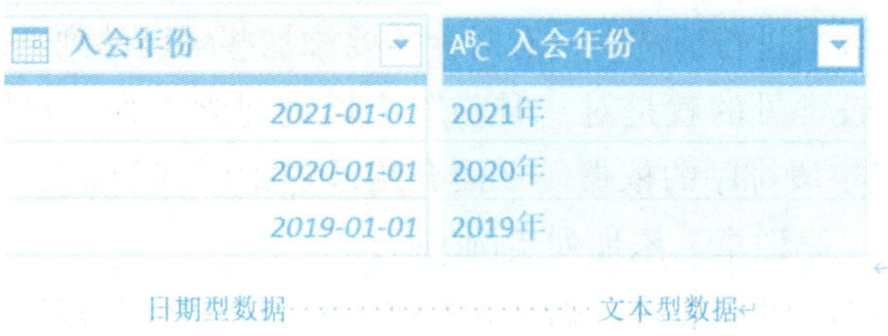

图 4-16　"2021 年"作为文本类型和日期类型显示出来的状态

　　由于网络传输、人工输入等原因，数据不规范的情况在所难免。例如，字段前后带有多个空格、单元格中带多行回车符、英文名称大小写不统一等。对数据进行统一化的格式处理是非常必要的。大部分的数据格式转换操作由 Power Query 编辑器中"转换"→"文本列"→"格式"实现（见图 4-17），具体实现过程不再一一详述。

图 4-17　格式转换

Power BI 中常见格式操作如表 4-4 所示。

表 4-4　常见格式操作

操作	含义
大写/小写	将所选列中的所有字母都转换为大写/小写字母
清除	清除所选单元格中的打印字符（如行回车符）
添加前缀/后缀	向所选列中的每个值开头/末尾添加指定的字符
修整	从所选列的每个单元格中删除前导空格或尾随空格

4.3.4　添加/拆分数据列

　　用户在对数据进行清洗时，有时会需要添加些辅助的列，以方便后续的数据分析，比较常见的就是对"月份"字段创建索引列，并将索引序号作为对"月份"字段排序的依据。下面介绍添加索引列的基本步骤（文件位置：案例数据 \ 第四章 \ 添加列实例.xlsx）。

　　步骤 1：用户加载案例数据后，在 Power Query 编辑器窗口将"月份"字段类型改为文本类型，保存修改后退回到 Power BI Desktop 状态后，可以看到"月份"列的数据可以正常显示了。

　　步骤 2：用户当将"月份"列以升序进行排列时，显示结果如图 4-18 所示。月份默认的排序依据为 10 月、11 月、12 月、1 月、2 月、3 月、4 月、5 月、6 月、7 月、8 月、9 月，而不是我们正常的顺序。这是因为，此时的"月份"是文本类型，在进行降序或升序排列时，是按照字符串进行比较和排序的。此时，用户需要建立一列作为月份排序的依据。

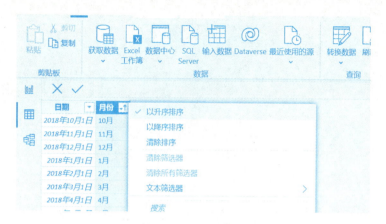

图 4-18　显示结果

　　步骤 3：用户选中"月份"列，并执行"添加列"→"从文本"→ "提取"命令，选择"分隔符之前的"文本。提取操作如图 4-19 所示。用户输入分隔符为"月"，这是为了将月份列中的"1""2"等单独提取出来。

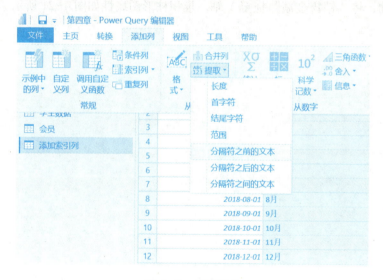

图 4-19　提取操作

　　步骤 4：用户修改新添加的列名为"月排序依据"，并将其类型转换为整数类型。新增的月排序依据如图 4-20 所示。此时的数值大小关系就与我们日常生活中的月份关系一致了。

图 4-20　月排序依据

　　步骤 5：用户关闭并保存 Power Query 编辑器，退回到 Power BI Desktop 窗口，在报表视图中插入一个堆积柱形图，并将字段窗口中的"月份"拖至 X 轴，将"销售金额"拖至 Y 轴。堆积柱形图属性如图 4-21 所示。

图 4-21　堆积柱形图属性

　　堆积柱形图展示了每个月份的销售额，数据本身并没有问题，生成的堆积柱形图如图 4-22 所示。但无论是按照升序还是按照降序，用户都无法将月份按照正常顺序排列，即 1 月、2 月、3 月、4 月、5 月、6 月、7 月、8 月、9 月、10 月、11 月、12 月。

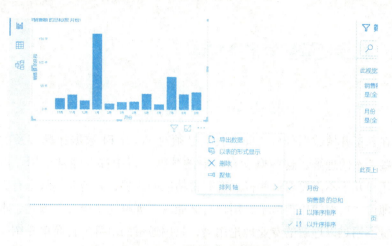

图 4-22　生成的堆积柱形图

步骤 6：用户选中右边字段窗口中的月份字段，在"列工具"中点击"按列排序"按钮，并选中下拉菜单中的"月排序依据"。此时，用户重新将堆积柱形图可视化对象按照升序排列就可以得到想要的月份排序顺序了。月排序依据命令如图 4-23 所示。

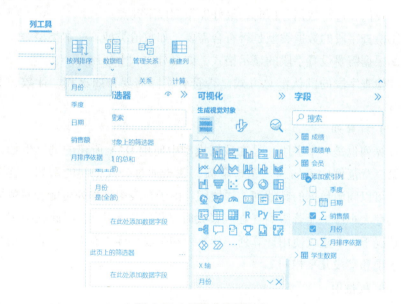

图 4-23　月排序依据命令

在 Power BI 中，用户一般会根据需要添加条件列、索引列以及重复列等，我们在第三章范例中添加的"销售金额"属于通过公式创建的新列。

4.4 初步理解数学模型构建

4.4.1 Power BI 建模的基本概念

在真正开始数据分析之间，我们必须对 Power BI 数据建模涉及的概念有一些基本的理解，这些概念在以后的数据分析中都要经常使用。最开始时，用户几乎不需要对这些概念有非常精准的认识，只需要头脑中有大致的概念即可。后面使用得多了，用户自然能真正理解这些概念。因此，本书在此尽量不用难以理解的专业理论用语，只用通俗的语言进行简单介绍。

（1）字段

字段实际上就是表的一列，列名就是字段名，这在前面的范例中已经反复出现了多次。字段在 Power BI 中可以被看成数据分析的"最小单位"，因此只应该包含一种信息。如果在同一个字段中出现了两种或多种需要被分析的数据，用户就需要对字段进行拆分，比如我们在前面介绍过的身份证号码。一般情况下字段名是由源数据决定的，通常应该能够准确表达所需要的含义。我们在进行数据分析时，最好能做到以下几点：

①检查字段的数据类型是否符合需要，如数值类型、文本类型等。

②根据需要设置字段的显示格式，如百分比、千分比等。

③检查字段的默认汇总方式是否符合实际需要，如求和、计数、不汇总等。

（2）计算列

计算列也是一个字段，是在数据模型中使用 DAX 所建的列。例如，我们在第三章范例中添加的"销售金额"属于通过公式创建的新列。这个新建的列可以同源数据的其他列一样使用。由于在表中添加列可能会对数据模型的内存大小产生显著影响（在表很大时显得尤为突出），因此在很多非必需的情况下，不建议使用计算列。计算列和字段一样也有类型，在使用时的注意事项和字段几乎相同。

（3）度量值

度量值是一个公式，与计算列一样是使用 DAX 建立的，但它不属于任何表。在前面的例子中我们已经发现，"销售金额 = 销售数量 × 单价"作为计算列，其值直接就在表中展现出来了。度量值计算出的结果是动态的，一般不执行计算，直到被用于视觉对象中。度量值在不同的上下文中执行不同的计算，它可以响应用户交互，可以快速重新计算，因此又被称为"移动的公式"，是 Power BI 中使用最广泛的数据分析手段。

新建的度量值会显示在字段区中的某个表中，但它与该表并没有关系。因此，当度量值很多的时候，我们一般会考虑专门建立一个文件夹或表。我们选中某个度量值，在功能区会出现"度量工具"选项卡，可以设置该度量值的显示格式等，与字段的设置类似。选项卡如图4-24所示。

图 4-24　选项卡

（4）DAX

DAX（data analysis expressions）是数据分析表达式，是 Power BI 中专门为计算数据模型中设计的语言，可以被看成数据建模语言的一种。前面提到的计算列和度量值都是用 DAX 生成的。

DAX 的实质是让用户通过分析现有的源数据，建立分析手段和过程，创建新的有用的商业逻辑信息。用户利用 DAX 不仅可以快速得到分析结果，还可以灵活驱动数据可视化（后续章节会重点对此进行介绍）。

（5）表及表间关系

Power BI 中的表被分为事实表和维度表两种表。事实表又叫明细表，通常用来记录某个业务产生的真实结果，比如某个学院的考试成绩、一个商场的消费记录或一个采购订单等。一个事实表最好只包含一种业务记录，比如采购订单中只应包含详细的采购记录相关信息，而不应包含商家地址、商家资质等详细信息；一个商场的消费记录事实表只应包含详细的订单相关信息，如时间、商品编号、数量等，而不应包含会员档案的相关信息以及商品的相关详细信息。

维度表又叫查找表，通常用来分析问题，是数据建模的关键。在 Power BI 中，维度表是上下文的来源，切片器的字段、图表的轴实际上大多源于维度表。例如，我们如果需要按照销售商品进行分析，则应该有一个商品维度表，包含商品需要分析的元素，如商品类别、商品生产厂商等不重复列表；如果需要按客户分析，则应有一个客户维度表，包含所有客户需要分析的元素，如性别、年龄、会员年限、会员级别等。

两个表之间的联系称为关系，也称为表间关系。它是数据建模中最基础的也是最重要的概念。两个表之间有多对一、一对一、一对多、多对多四种关系。

刚开始学习 Power BI 的人经常不习惯用维度表，而是把所有的数据都放到一张大表中，这实际上是一个非常不好的习惯。本书第四章和第五章只使用唯一数据表，目的是让读者能够对 Power BI 数据分析有一个大致的印象。本书第六章详细讲解有关表及表间关系，并逐渐增加对它们在数据建模中的应用的介绍。此时用户只需要记住数据模型的好坏取决于表及表间关系的好坏，即表的设计好坏和维度的质量好坏。

4.4.2　认识 DAX 数据分析表达式

DAX 数据分析表达式是专门用来进行数据分析的，主要功能是筛选和计算、查询和完成聚合计算，它是 Power BI 数据分析的灵魂。DAX 除了可以新建度量值外，还可以新建列、新建表。

（1）DAX 函数的基本语法规则

DAX 公式是基于列或表的计算，可以引用"表""列"或度量值，整体上与 Excel 函数非常类似，但是要比 Excel 函数的功能强大很多。同时，Power BI 中的 DAX 表达式可以通过"'"或"["启动智能感知，因此要比使用 Excel 函数更轻松。下面以前文介绍过的一个 DAX 表达式作为范例分析 DAX 函数的基本语法规则。

销售总额=SUM('销售表'[销售金额]）

含义：对销售表的销售金额字段求和，并生成"销售总额"度量值。

表达式以等号开始。如果 DAX 建立的是度量值，它就是度量值名称；如果 DAX 建立的是计算列，它就是计算列名；如果 DAX 建立的是一个新表，它就是表名。等号的左边表示度量值名称。

SUM 是一个 DAX 函数名。函数后面都用括号括上参数，参数之间用逗号分隔。Power BI 中的每个函数都会有特定的功能，每个函数所需要的参数的格式、类型以及顺序都是不同的，这个规则和 Excel 的函数基本要求非常类似，但 Excel 中使用的是单元格，而 DAX 是对字段进行操作。

英文输入状态下的单引号用来引用表名。

［］用来引用列名或度量值名。特别需要说明的是，因为列字段和度量值都是用中括号"［］"标识，所以为了便于区分和增强 DAX 代码的可读性，列字段应始终跟随表名一起书写，如'销售表'［销售金额］。度量值没有表名，因为它并不依赖于任何表，是独立存在的，所以可以单独书写，如平均销售额 =［销售总额］/［销售总量］就是已经建立好的度量值。

DAX 函数不区分大小写，不过为了简洁和统一，建议都用大写字母。

（2）DAX 运算符

运算符完成相应计算，其基本运算符分类及含义和 Excel 基本一致，常见运算符如表 4-5 所示。

表 4-5　常见运算符

运算符	符号	意思
算术符	+	加法
	−	减法
	*	乘法
	/	除法
比较符	=	等于
	<>	不等于
	>	大于
	>=	大于或等于
	<	小于
	<=	小于或等于
文本连接	&	连接字符串
逻辑符	&&	且（and）
	‖	或（or）

（3）常见的 DAX 函数分类

DAX 函数通常分为聚合函数、逻辑函数、信息函数、数学函数、文本函数、转换函数、日期函数、时间智能函数、高级聚合函数以及筛选器函数。

常见的 DAX 聚合函数功能、参数以及用法基本上和 Excel 一致。常见的聚合函数如表 4-6 所示。

表 4-6　常见的聚合函数

函数	说明
SUM	求和
AVERAGE	求平均值
MEDIEN	求中位值
MAX	求最大值
MIN	求最小值
COUNT	数值格式的计数
COUNTA	所有格式的计数
COUNTBLANK	空单元格的计数
COUNTROWS	表格中的行数
DISTINCTCOUNT	不重复计数

常见的逻辑函数功能、参数以及用法基本和 Excel 一致。常见的逻辑函数如表 4-7 所示。

表 4-7　常见的逻辑函数

函数	说明
IF	根据某个/几个逻辑判断是否成立，返回指定的数值
IFERROR	如果计算出错，返回指定的数值
AND	逻辑关系的"且"-&&
OR	逻辑关系的"或"- ‖
SWITCH	数值转换

常见的信息函数如表 4-8 所示。

表 4-8　常见的信息函数

函数	说明
ISBLANK	是否为空值
ISNUMBER	是否为数值
ISTEXT	是否为文本
ISNOTEST	是否为非文本
ISERROR	是否错误

常见的数学函数如表 4-9 所示。

表 4-9　常见的数学函数

函数	说明
ABS	绝对值
ROUND	四舍五入
ROUNDUP	向上舍入
ROUNDDOWN	向下舍入
INT	向下舍入整数（取整数）

常见的文本函数如表 4-10 所示。

表 4-10　常见的文本函数

函数	说明
FORMAT	日期或数字格式的转换
LEFT	从左向右取

表4-10（续）

函数	说明
RIGHT	从右向左取
MID	从中间开始取
LEN	返回指定字符串的长度
FIND	查找
SEARCH	查找
REPLACE	替换
SUBSTITUTE	查找替换
VALUE	转换成数值
BLANK	返回空值
CONCATENATE	连接字符串，等于同"&"
LOWER	将字母转换成小写
UPPER	将字母转换成大写
TRIM	从文本中删除两个词之间除了单个空格外的所有空格
REPT	重复字符串

常见的转换函数如表 4-11 所示。

表 4-11 常见的转换函数

函数	说明
FORMAT	日期或数字格式的转换
VALUE	转换成数值
INT	转换成整数
DATE	转换成日期格式
TIME	转换成时间格式
CURRENCY	转换成货币

常见的日期函数如表 4-12 所示。

表 4-12 常见的日期函数

函数	说明
YEAR	返回当前日期的年份
MONTH	返回 1~12 月的整数
DAY	返回月中第几天的整数

表4-12（续）

函数	说明
HOUR	返回 0~23 的整数（小时）
MINUTE	返回 0~59 的整数（分钟）
SECOND	返回 0~59 的整数（秒）
TODAY	返回当前的日期
NOW	返回当前的日期和时间
DATE	根据年、月、日生成日期
TIME	根据时、分、秒生成日期时间
DATEVALUE	将文本格式的日期转换成日期格式
TIMEVALUE	将文本格式的时间转换成日期时间格式
EDATE	调整日期格式中的月份
EOMONTH	返回调整后的日期中月份的最后一天
WEEKDAY	返回 1~7 的整数（星期几），返回参数建议使用 2
WEEKNUM	当前日期在一整年中的周数（1月1日开始算）

常见的时间智能函数如表 4-13 所示。

表 4-13　常见的时间智能函数

函数	说明
PREVIOUSYEAR/Q/M/D	上一年/季/月/日
NEXTYEAR/Q/M/D	下一年/季/月/日
TOTALYTD/QTD/MTD	年/季/月初至今
SAMEPERIODLASTYEAR	上年同期
PARALLELPERIOD	上一期
DATESINPERIOD	指定期间的日期
DATEADD	日期推移

常见的高级聚合函数如表 4-14 所示。

表 4-14　常见的高级聚合函数

函数	说明
SUMX	求和
AVERAGEX	求平均值
MAXX	求最大值

表4-14(续)

函数	说明
MINX	求最小值
COUNTX	数值格式的计数
COUNTAX	所有格式的计数
MEDIENX	求中位值
RANKX	排名

常见的筛选器函数如表4-15所示。

表4-15　常见的筛选器函数

函数	说明
FILTER	按条件筛选数据
VALUES	返回列或表去重后的结果
TOPN	返回前几名的数据
ALL	所有数据
ALLEXCEPT	所有数据除了……
ALLNONBLANKROW	返回非空白的数据

DAX函数众多，用户在实际使用中遇到新的函数时，在实例中分析函数功能，熟悉参数类型，逐步提高运用能力是学习DAX函数的最佳途径。

4.5　初步 DAX 数据分析表达式运用

虽然DAX公式与Excel公式类似，但DAX公式不能修改表中原有的数据，只能通过新建列操作为表添加数据。DAX提供的数据类型比Excel多；可以通过DAX公式创建计算列、度量值和表，但不能创建计算行。DAX公式不限制函数的嵌套调用。DAX提供了返回表的函数，其功能实际上要比Excel强大得多。这些DAX公式的特点仅通过描述并不能让读者理解。下面本书通过介绍一些对常见的DAX公式的应用实例，使读者能对DAX公式的运用有初步印象。

假设根据数据分析的需要，用户需要在成绩数据中完成以下操作（文件位置：案例数据\第四章\常用DAX表达式实例.xlsx）：第一，计算总分；第二，合成毕业证号码规则为"专业代号+考号"；第三，完成成绩登记设置规则为"总分大于180分的为'优秀'"；第四，按总分完成所有同学的排名；第五，统计每个专业的预录取人数（"成绩数据表中总成绩大于150 分的考生属于预录取"）。

步骤 1：用户按照前述章节的步骤将 Excel 文件中的成绩数据表格导入 Power BI 中，并保存为合适的建模文件。

步骤 2：总分的计算相对来讲比较简单，仅仅只是运算符的运用，新建列并在编辑栏中输入：总分 = '成绩数据'[外语]+'成绩数据'[数学]+'成绩数据'[语文]。

在操作中使用者很容易体会到"总分"作为新建列，其值将直接体现在表中。涉及的各个字段都是数值类型的，这里均为整数类型。用户在表达式输入英文输入状态下的单引号，智能感知将会自动弹出当时系统允许输入的表单各个字段，单引号很明显是表单标识。"[ ]"是表单中的字段标识。对于初学者来讲，其要特别注意这里的所有运符号必须全部是英文输入状态下的。

步骤 3：合成毕业证号码也可以新建一列来完成。比如考号为 010310313，专业代号为 306003，则该同学的毕业证号码为 306003010310313。很明显，这并不是将考号和专业代号作为数值相加的，而是作为文本实现连接的。初学者在最开始时一定要养成检查数据类型的习惯，字段的类型在"列工具"（见图 4-25）中可以查看。用户可以看到目前的专业代号和考号均为整数类型，此时若新建"毕业证号"列并输入毕业证号 = '成绩数据'[专业代号]+'成绩数据'[考号]，所得结果实现的是两个整数相加。

图 4-25 列工具

步骤 4：用户删除上一步新建的"毕业证号"列。用户在右侧的数据窗口中找到对应的表单打开，找到对应的"毕业证号"列，单击鼠标右键，选择"从模型中删除"，弹出的删除列对话框如图 4-26 所示。用户选择确定即可。该操作不可撤销，用户若错误删除，只能新建。

图 4-26　删除列对话框

步骤 5：用户在完成新建列之前首先需要进入 Power Query 编辑器，将考号和专业代号的类型改为文本型，保存后回到"数据"视图（见图 4-27）。

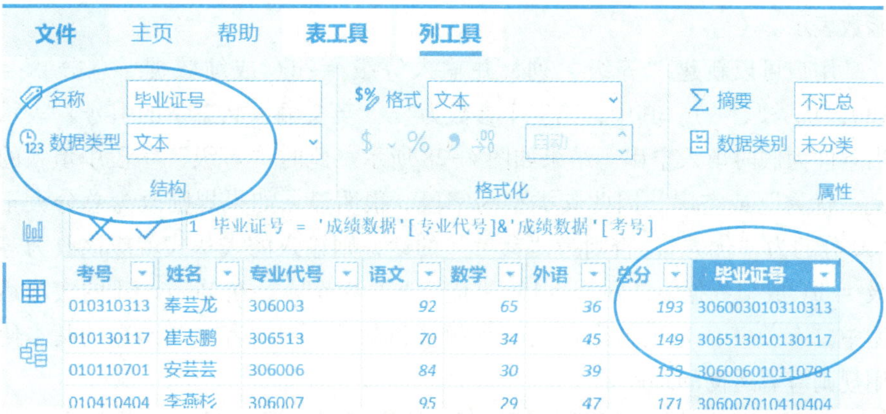

图 4-27　"数据"视图

用户重新添加"毕业证号"列并输入公式才能得到正确结果。对文本类型的字段，Power BI 提供文本连接运输符"&"完成该运算。用户应输入的公式为毕业证号 = '成绩数据'[专业代号]&'成绩数据'[考号]。正确结果如图 4-28 所示。显然毕业证号字段也应该是文本类型。

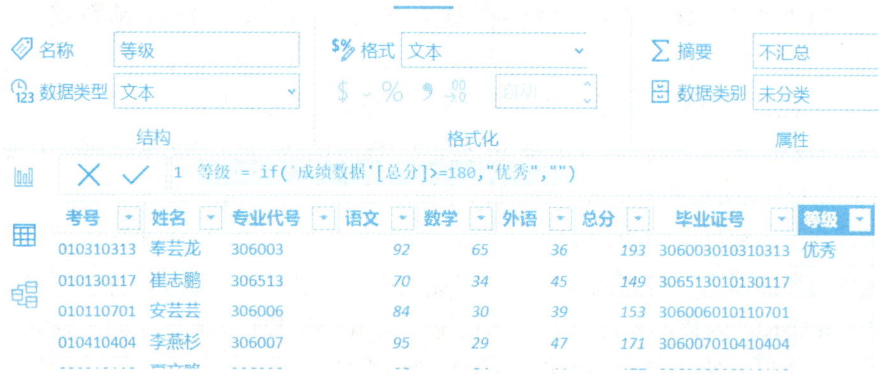

图 4-28　结果

另外，Power BI 提供了文本函数 CONCATENATE( )实现文本连接。该函数可以使用文本类型参数。用户可以输入毕业证号 = CONCATENATE('成绩数据'[专业代号],'成绩数据'[考号])，实现专业代号和考号的连接。在可以互换的前提下，用户可以根据自己的喜好自行决定使用运算符或函数。

步骤 6：用户分析成绩登记设置规则如下：总分大于 180 分的为"优秀"。很明显，这是一个对总分的假设性判定，Power BI 提供 if 函数完成相关功能。其函数的基本语法如下：

if（条件，真的结果，假的结果）

其中，条件中的判断使用的常见逻辑符如下：等于使用" = "表示，逻辑与使用"&&"表示，逻辑或使用"∥"表示，逻辑非通常使用 NOT( )函数表示。

用户可以新建"等级"列，并输入等级 = if('成绩数据'[总分]> = 180,"优秀","")。其中，第三个参数为""（英文输入状态下的引号）表示当条件为假时填入空串。结果如图 4-28 所示。此时"等级"字段中填入的是"优秀"或空串，因此其类型为字段。很明显，如果规则改为总分大于 180 分的为"优秀"，否则为"参考"的话，则输入的表达式就应该改为等级 = if('成绩数据'[总分]> = 180,"优秀","参考")。在 Power BI 的实际运用中，有关 if 函数的嵌套使用非常频繁和灵活，初学者对 if 函数的基本使用规则应有透彻的理解。

步骤 7：Power BI 提供 RANK.EQ 函数可用于总分排名。其基本格式如下：

RANK.EQ（ <值>, <列名>, [<排序>] ）

其中，值为需要查找排名的值或返回值的 DAX 表达式；列名为用于确定排名的列（不能使用表达式），排序为指定排序规则，0 /FALSE/ DESC 表示降序；1 /TRUE/ ASC 表示升序，省略时默认为降序。

用户可以新建"等级"列，并输入名次 = RANK.EQ('成绩数据'[总分],'成绩数据'[总分],DESC)。表达式中，成绩数据'[总分]字段出现了两次，表示的是某个同学的总分在所有总分中的排名情况。

细心的读者会发现，Power BI 提供的很多函数的功能非常类似，比如 RANK.EQ( )函数和 RANK( )函数，这种现象在 Power BI 中非常普遍。这些函数在很大程度上可以理解为"一族"函数。通常，用户详细分析了一个函数的功能以后，对其他函数就只需要注意区分细节就可以灵活运用了。例如，RANK( )函数不允许出现并列情况，而 RANK.EQ( )函数允许出现并列情况，这里显然是用 RANK.EQ( )函数更为合适。

步骤 8：用户如果要统计每个专业的预录取人数，首先应该实现的是对成绩数据的筛选，也就是筛选出总成绩大于 150 分的学生，这里需要用到

Power BI 提供的筛选函数 FILTER( )。

  FILTER（<table>，<filter>）

  其中，<table>是要筛选的表，<filter>是筛选条件。

  初学者需要特别理解的是，这个函数返回的是一张表，而不是一个值，也就是应该在成绩数据中把所有满足筛选条件的学生过滤出来形成的"子表"。

  因此，用户首先需要在"表工具"中选择"新建表"，即新建一个表。新建表如图 4-29 所示。

图 4-29 新建表

  步骤 9：用户在编辑栏中输入录取人员名单 = FILTER('成绩数据','成绩数据'[总分]>150)。此时"录取人员名单"表示的是新表的名字。录取人员名单如图 4-30 所示。

考号	姓名	专业代号	语文	数学	外语	总分	毕业证号	等级	名次
010310313	奉芸龙	306003	92	65	36	193	306003010310313	优秀	25
010110701	安芸芸	306006	84	30	39	153	306006010110701		78
010410404	李燕杉	306007	95	29	47	171	306007010410404		52
080210118	夏文略	306008	82	54	41	177	306008080210118		45
010220208	顾安地	306501	76	34	54	164	306501010220208		50

图 4-30 录取人员名单

  步骤 10：用户有必要仔细观察数据窗口中度量值、表和列的图标（见图 4-31）是不同的。

图 4-31 度量值、表和列的图标

  步骤 11：熟悉 Excel 函数的读者应该知道，count( ) 函数可以实现计数，Power BI 也提供类似的功能。用户在这里需要做的是在之前得到的录取人员名单表上，按照专业代号统计人数。也就是说，最终实现的结果是专业代号 306003 录取人数 20，专业代号 306004 录取人数 25……类似的效果。

  Power BI 提供的 SUMMARIZE( ) 函数可以实现该功能。

用户需要新建一个名为"专业预录取人数统计"的表。

专业预录取人数统计 = SUMMARIZE('录取人员名单','录取人员名单'[专业代号],"预录取人数",count('录取人员名单'[专业代号]))

这实际上是一个函数嵌套，结果如图 4-32 所示。

图 4-32　结果

至此读者会发现，Power BI 中很多函数虽然与 Excel 非常类似，但函数功能更强大，使用更灵活。

4.6　初步数据分析结果可视化

4.6.1　Power BI 生成图表

数据清洗和数据建模的结果将会以图表来实现可视化的方式，让数据更易于理解。Power BI 拥有 20 多个内置的可视化图形和上百个自定义的可视化图形库，用户可以轻松使用可视化分析来有效传达数据分析结果。

Power BI 生成图表的基本步骤简单来讲一是图表的制作，二是图表的格式设置。我们使用树状图来展示上一节例子中每个专业的预录取人数。

树状图又称为矩形树图。每一个数据以矩形表示，矩形大小按数据在整体中的比重大小显示，所有数据矩形错落有致地排放在一个整体的大矩形中。树状图不仅可以表示单层数据关系，还可以用来展现双层结构。

树状图的主要使用场景如下：显示大量的分层数据，显示每个部分与整体之间的比例，显示层次结构中指标在各个类别层次的分布的模式，使用大小和颜色编码显示属性，发现模式、离群值、最重要因素和异常等。

步骤 1：用户单击右侧的"可视化"窗口中的"树状图"按钮（见图 4-33），之后继续在右侧的"字段"窗口中找到前面建立的专业预录取人数统计表单，将"专业代号"拖拽到树状图的"类别"中去，将"预录取人数的总和"拖拽到树状图的"值"中去。设置树状图属性如图 4-33 所示。

图 4-33　设置树状图属性

　　此时用户可以在主窗口中看到对应的可视化结果，生成的树状图如图 4-34 所示。这种树状图被称为单层树状图，它通过每个矩形的大小位置和颜色来区分各个数据之间的权重关系以及占总体的比例，使人一目了然，看到整个数据。

预录取人数 的总和(按 专业代号)

306516	306505	306507	306502	306518	306...
	8	5	4	3	2
	306506	306512	306517 · 3... · 3... · 3... · 3...		
			2 · 1 · 1 · 1 · 1		
	8	5	306522 · 306511 · 3...		
	306514	306501	2 · 306513 · 1		
24	6	4	306003 · 306515 · 306531		

图 4-34　生成的树状图

　　步骤 2：此时树状图无论如何拖曳，整体上都保持矩形。用户可以根据画布的整体布局需要和排列美感，选择一个合适的大矩形；同时可以根据图表的格式进行设置。

用户在画布中选中树状图以后，在可视化窗口中选中"设置视觉对象格式"标签，打开其中的数据标签，进一步打开下拉菜单，可以继续设置字体、字号等。设置视觉对象格式界面如图4-35所示。

图4-35　设置视觉对象格式界面

实际上，Power BI 允许对每个可视化对象的格式设置内容都非常多，用户可以根据数据的属性和展示的需要，选择合适的图表类型，填充相应的字段属性，之后进行各项格式的美化调整。

一个合适的图表一定是纵横轴清晰、重点数据表达明确、有数据单位、标题呼应、有合适的色彩搭配以及画布整体布局美观的图表。关于图表的美化，用户需要不断摸索，多借鉴优秀的可视化案例，并逐渐形成自己的风格。

4.6.2　Power BI 数据分析的基本步骤

回忆总结本章内容，Power BI 数据分析的基本步骤如下：

第一，厘清业务需求；

第二，准备数据，主要指数据导入和数据清理；

第三，建立模型（目前暂不涉及）；

第四，选择合适的 DAX 实现方式，比如新建列、度量值或表等；

第五，编写 DAX；

第六，测试和展示数据分析结果。

对于初学者来讲，其很容易发现 DAX 的相关内容是最难的，而数据分析结果可视化是最为"炫目"的。

实际上用户在面对一个业务要求时，第一步并不是 DAX，而是要先梳理业务逻辑，建立模型。一个好的模型可以让分析变得简单而高效，相对来讲 DAX 表达式的选用和结构也会变得更为简洁。相反，如果没有搞清楚数据之间的关系，模型建得混乱不堪，后续的过程将会相当困难。

当使用 DAX 计算的结果不正确的时候，用户不能只关注这个题目的 DAX 怎么写，而应该返回去检查数据是否正确加载进来、数据类型是否正确，之后还需要检查建立关系的方式是否合适，再检查 DAX 表达式。DAX 表达式只有在合适的模型和上下文中才能正确运算。

相比较而言，可视化数据分析结果反而是一个熟能生巧的结果。用户只要熟练掌握常用可视化对象的特点和属性要点，就能非常灵活地加以运用。初学者应该从注重内置的可视化图形开始，熟悉它们的特点和格式设置，多观摩多比较，逐渐灵活运用。

4.7　本章练习

问答题

（1）什么是一维表？什么是二维表？两者之间有什么区别？

（2）Power Query 的主要功能有哪些？

（3）什么是字段？

（4）什么是度量值？

（5）Power BI 主要有哪些数据类型？

（6）Power BI 完成数据分析的主要步骤是什么？

实训题

（1）有一张成绩表如图 4-16 所示。请利用 Power Query 将其转换为一维表。

表 4-16　成绩表

姓名	基础会计	审计	财务	经济法	经济数学	税法	职业道德
陈之和	77	80	82	85	79	88	75
董利秉	87	81	77	86	80	95	77
江依鲁	92	86	85	90	88	93	87

（2）将成绩表导入 Power BI Desktop，根据需要添加新加列或度量值，完成以下要求：

①计算全体学生的总分、最高分和最低分。

②总分大于 270 分的为"优秀"，总分小于 180 分的为"不及格"，其他为"合格"。

③计算所有学生的全科平均分（总分平均分）。

④按总分给出每个学生的排序，总分相同者为并列名次，不分先后。

⑤新建一张表，统计每个等级中总分的最高分、最低分和平均分（等级为优秀的，总分最高分、最低分、平均分）。

⑥新建一张表，按专业统计每个专业的总分情况，显示出每个专业的最高分、最低分和平均分情况。

⑦为避免学生之间相互比较成绩和名次，生成新表，只显示学生和对应等级。

⑧以"数学成绩 85 分且总分大于 240 分"为依据，筛选出有资格参加数学建模比赛的学生（建立新表）。

⑨用树状图显示参加数学建模比赛各个专业的人数情况。

⑩用表显示各个专业的总分情况。

5 数据获取与整理

　　获取数据和完成数据清洗是数据建模中的第一步，也是最耗时的工作。Power BI 可以从数据库文件、Web 网页、文本文件等几十种数据源中获取各类数据，可以说 Power BI 几乎可以从任何来源导入任何结构、任何形式的数据。可以导入的数据类型如图 5-1 所示。本章将简要说明 Power BI 如何实现各种数据导入，在第四章的基础上说明透视和逆透视的主要功能与作用，进一步讲述 Power BI 中内置的 Power Query 是如何完成数据获取和数据清洗工作的。

图 5-1　可以导入的数据类型

5.1　数据获取和整理概述

5.1.1　从文件中导入数据

Power BI 可以从 Excel、文本、CSV、XML、PDF 等文件中直接导入。在日常工作中，公司信息技术人员通常把 ERP 财务系统中的财务数据导出为 Excel 文件，然后交给相关的数据分析人员完成相关数据分析。除了前面经常提到的 Excel 文件以外，了解这些文件的一些常识对于 Power BI 初学者来讲也是非常必要的。

文本文件是指以 ASCII 码（美国信息交换标准代码）方式或其他国际字符标准编码格式（也称文本方式）存储的文件。文本文件格式不包含任何格式控制符号以及图表等，只有文本内容本身，因此具有数据量小、数据内容纯粹等特点，常作为纯数据存储。

逗号分隔值（Comma-Separated Values，CSV）文件是指用逗号作为分隔符的文件，通常以纯文本形式存储表格数据（数字和文本）。CSV 文件由任意数量的记录组成，记录间以某种换行符分隔。每条记录由字段组成，字段间的分隔符是逗号。该文件格式的文件本身可以直接在 Excel 文件中打开。

可扩展标记语言（eXtensible Markup Language，XML）文件是目前最适合网络传输的文件格式之一，提供了一种统一的方法来描述和交换独立于应用程序或供应商的结构化数据。

便携式文档格式（Portable Document Format，PDF）文件是目前最常用的文件格式之一，PDF 会忠实地再现原稿的每一个字符、颜色以及图像。很多产品说明书、教程等都广泛采用这一格式。

Power BI 用户在导入单一 Excel 文件时（一个 Excel 文件中有可能包含多张表格），既可以根据需要将这些表格一次性导入，也可以根据需要分多步将不同 Excel 文件中的多个表格导入一个 Power BI 建模文件中。

从单一文件中导入数据的基本步骤与前面章节中提到的从 Excel 文件中导入方式非常类似，此处不再赘述。

5.1.2　从文件夹导入数据

在日常财务业务中，经常出现总部需要各个部门提供某一电子数据表格，总部收集完成后进行汇总。在这种情况下，如果人工汇总数据不仅费时费力，而且容易出现差错。Power BI 允许从文件夹中导入数据，能很好地解决这一问题。这使得从文件夹中导入数据，实际上可以看成多个 Excel 文件中的表格合并成单一表格在 Power BI 中进行数据分析。下面简要说明从文件夹中导入数据的一般步骤（文件位置：案例数据 \ 第五章 \ 文件夹导入数据文件夹）。该文件夹中有三个文件，分别是重庆市 2015 年、2014 年以及 2013 年财政收入数据。

步骤 1：用户执行"主页"→"数据"→"获取数据"命令，从弹出的下拉菜单中选择"更多"选项，打开"获取数据"窗口，选择右侧的文件夹选项，之后单击"连接"按钮。从文件夹获取数据如图 5-2 所示。

图 5-2 从文件夹获取数据

步骤 2：用户在打开的"文件夹"窗口中，选择设置需要连接的文件夹并确定。

步骤 3：此时窗口中该文件夹下将被连接三个 Excel 文件（见图 5-3）。

Content	Name	Extension	Date accessed	Date modified	Date created	Attributes	Folder Path
Binary	重庆市2013年.xlsx	.xlsx	2022-12-24 15:46:51	2022-12-24 15:46:51	2022-12-24 15:46:35	Record	C:\Users\ASUS\Desktop\Power BI
Binary	重庆市2014年.xlsx	.xlsx	2022-12-24 15:47:26	2022-12-24 15:47:26	2022-12-24 15:46:02	Record	C:\Users\ASUS\Desktop\Power BI
Binary	重庆市2015年.xlsx	.xlsx	2022-12-24 15:45:33	2022-12-24 15:45:33	2022-12-24 15:44:57	Record	C:\Users\ASUS\Desktop\Power BI

图 5-3 Excel 文件

步骤 4：用户单击"组合"按钮，在下拉菜单中如果选择"合并和加载"将会直接将三个文件合并加载后显示到"数据视图"中；如果选择"合并并转换数据"，系统将自动完成一些数据格式转化后再将三个文件合并的同时打开 Power Query 编辑器，方便用户完成后续的一些数据清洗工作。组合数据如图 5-4 所示。

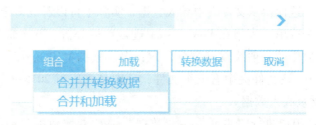

图 5-4　组合数据

需要特别说明的是，从文件夹中导入数据实际上是多个表格合并，由于无法保证多个文件的版本，有时将会出现错误。错误情况如图 5-5 所示。因此，用户需要从官网下载并安装 Microsoft Access 2010 数据库引擎可再发行程序包（具体网址为 https://www.microsoft.com/zhcn/download/details.aspx?id=13255）。

图 5-5　错误情况

实际上，文件夹数据导入时所有数据文件的结构应该是统一的，比如总部需要事先制定好一个统一的表格模板，以便统一表格结构。合并时，操作人员可以勾选"去掉错误文件"，这样系统可以自动过滤掉一些错误文件。如果表格格式不一致，合并以后的表格数据能否继续使用无法确定。通常，合并都要求去掉重复、删除空行等。

5.1.3　从网页导入数据

Power BI 提供了允许从网页直接提取数据的功能。虽然该功能并不能和很多专业的数据爬取软件媲美，但毕竟提供了一种非常直接的数据获取来源。下面以网站中 2022 年世界杯射手榜数据为例，介绍如何从网页中提取数据。网页结构和数据如图 5-6 所示。

图 5-6 网页结构和数据

步骤 1：用户在 Power BI Desktop 中执行"主页"→"数据"→"获取数据"→"Web"命令，从网页导入数据（如图 5-7 所示）。

图 5-7 从网页导入数据

步骤 2：用户在 URL 地址栏中输入射手榜网页的 Web 地址并单击确定（如图 5-8 所示）。此时 Power BI 将会自动默认以匿名方式连接到该 Web 页面，并进行数据抓取。

图 5-8 输入 Web 地址

步骤 3：Power BI 会自动将抓取出来的数据以一定格式展现出来。用户在左侧窗口中选择"表 1"，则可以在右侧窗口出现"表 1"的预览效果。根据网页的具体内容和布局有的时候可能不止一个表格，用户可以根据实际情况逐一浏览确定所需要的数据，然后单击"加载"或"转换数据"按钮。加载数据如图 5-9 所示。

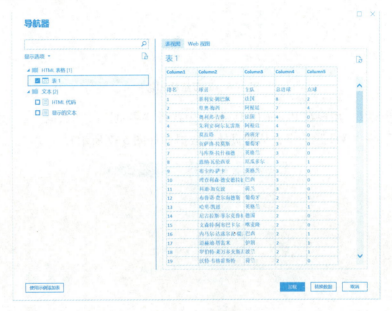

图 5-9　加载数据

步骤 4：用户选择"转换数据"按钮后，系统将自动打开 Power Query 编辑器并展示所抓取的数据（如图 5-10 所示）。一般情况下，用户通过网页获的数据都需要进行不同程度的清洗，以满足后续数据分析的需要。

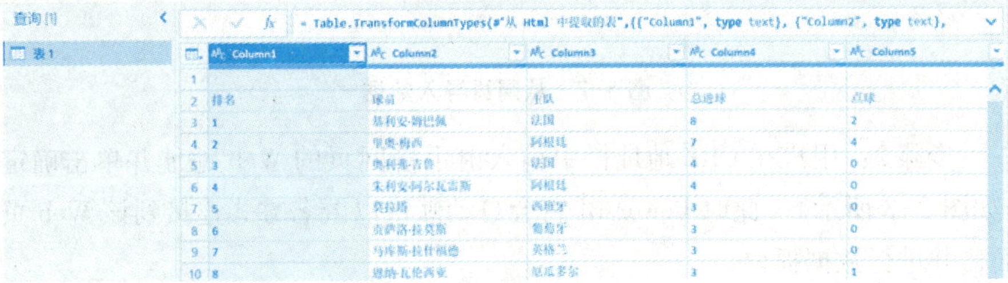

图 5-10　抓取的数据

5.1.4　从其他数据库或数据源中导入数据

Power BI 对市面上几乎所有的关系数据库，如 Access、SQL Server、MySQL、Oracle 等，都能提供非常好的支持。其中，Access、SQL Server 数据库文件可以直接导入；导入 MySQL 数据库文件必须先到 MySQL 官方网站上下载相应的 Connet/Net 驱动程序；导入 Oracle 数据库文件必须要在本机上安装 Oracle 客户端。

实际上，这些数据库系统的功能非常强大，在数据的导入和导出上一般都支持 Excel 文件格式或 CSV 文件格式。对于普通用户来讲，其很少会专门导入数据库文件，真正有需要的时候用户一般都可以自行完成，因此本书此处不再赘述。

另外，Power BI 还可以从 R 脚本、python 脚本、Hadoop 文件等多种数据源获取数据，其获取的数据的质量与脚本文件的结构有很大关系。具体操作方法与从文件数据库中获取数据的方法类似，普通用户也很少用到，本书此处不再赘述。

5.1.5　数据源设置

细心的读者会发现，Power BI 导入数据以后并不会更改源数据文件，当源数据文件中的数据发生改变时（这种情况有可能破坏原来已经建立的数据模型，应该尽可能避免或谨慎操作），就需要对数据源进行刷新。用户执行"主页"→"查询"→"刷新"命令，将实现原有数据源的重新加载。重新加载数据如图 5-11 所示。

图 5-11　重新加载数据

当已经设定数据源的文件的绝对路径发生变化时，用户就有可能需要重新设定数据源。例如，用户在使用本教材的范例数据进行学习的过程中，自己建立的建模文件与范例文件的位置有可能不一致，这就可能需要重新设定数据源。用户执行"主页"→"查询"→"转换数据"→"数据源设置"命令，然后在打开的窗口中单击"更改源"按钮，即可根据实际情况更改数据源。重新设定数据源如图 5-12 所示。

图 5-12　重新设定数据源

初学者需要注意的是，单独移动数据建模文件并不能改变原来对数据源文件的引用，因此很容易出错。用户可以新建一个文件夹，将数据文件和 Power BI 建模文件都放在该文件夹中，这样以后在移动时移动整个文件夹即可，用户就不需要考虑数据源丢失的问题了。

5.2　Power Query 数据清洗

5.2.1　Power Query 中的 M 函数

Power Query 中的函数被称为 M 函数，Power Query 中的 M 函数无处不在，比如前文进行数据清洗的每一步都是用鼠标操作的，但实际上都是 M 函数的功劳。

用户在 Power Query 编辑器中执行"主页"→"查询"→"高级编辑器"命令，可以看到每一个操作步骤的 M 函数（如图 5-13 所示）。我们如果不进行鼠标操作，直接在编译器中编写这些函数也可以得到最终的结果。

图 5-13　M 函数

熟悉 M 函数可以使数据清洗更加灵活、简洁和高效。常用的 M 函数分为聚合函数、文本函数、提取数据函数和条件函数等。用户想查看所有的 M 函数，可以参考微软官方文档。官网提供的 M 函数的学习资源十分丰富和系统，同时编辑器也提供了比较详细的帮助信息。

虽然 M 函数的功能很强大，但 M 函数本身有基本的语法书写规范。对于一个之前没有接触过任何编程语言的人来说，学习成本还是很高的，并且大部分数据处理工作只需要用界面操作就能够完成，因此本书并不建议初学者一开始就专门对此进行学习。

本书建议读者先对 M 函数有一个简单的初步了解，之后在数据处理过程中碰到界面操作难以完成的问题时，能想到 M 函数，通过查找官网信息学会使用或学会修改相应的 M 函数代码即可。读者经过一定的实践积累以后，如果既能熟练使用界面操作功能，又能灵活运用 M 函数，将会给数据分析留下更多的时间，大大提高数据处理的效率。

5.2.2　Power Query 透视和逆透视

（1）Power Query 透视

Power BI 虽然在建立模型时既可以使用一维表，又可以使用二维表，但初学者应该养成良好的习惯，只使用一维表。这样，不但可以减少数据的冗余，更可以降低数据分析建模的难度。在进行数据呈现时，初学者则可以根据人们的日常使用习惯，更多地使用二维表或多维表。

透视可以将一维表转换成二维表。本书以某公司四个分店每个月的销售数据为例，将一维表透视成二维表（文件位置：案例数据 \ 第五章 \ 数据透视实例.xlsx）。

步骤 1：用户导入数据后，启动 Power Query 编辑器，选中"月份"字段的数据类型改为文本型。

步骤 2：用户执行"转换"→"任意列"→"透视列"命令，并在弹出的窗口中，将值列选择为"销售额"。设置透视列如图 5-14 所示。

图 5-14　设置透视列

步骤 3：用户单击"确定"按钮即可将一维表数据透视成二维表数据。生成的二维表如图 5-15 所示。

分店	1月	2月	3月
1　南坪店	581	515	444
2　沙坪坝店	458	522	594
3　渝中区店	474	430	486
4　茶园店	453	600	469

`= Table.Pivot(更改的类型, List.Distinct(更改的类型[月份]), "月份", "销售额", List.Sum)`

图 5-15　生成的二维表

（2）Power Query 逆透视

将二维表转换为一维表的过程称为逆透视。我们在第四章中曾经用到过二维表至一维表的转换。在实际工作中，我们拿到的报表往往是二维表甚至是三维表，进行数据分析时最好将二维表转换成一维表。此操作在数据分析中尤为重要。

下面以某公司四个分店两年每个季度的销售数据为例，将二维表逆透视成一维表（文件位置案例数据\第五章\数据逆透视实例.xlsx）。

步骤 1：二维表如表 5-1 所示，该表行标题和列标题均带有层级结构。这种结构非常符合人们的日常思维习惯，是很常见的，但是 Power BI 数据分析则必须将其转换成一维表。

表 5-1　二维表

年度	季度	沙坪坝区		南岸区	
		三中店	一中点	工商大学店	五公里店
2020	1 季度	444	441	756	718
	2 季度	522	441	706	675
	3 季度	594	453	682	696
	4 季度	554	600	722	734
2021	1 季度	474	469	667	712
	2 季度	524	469	752	701
	3 季度	509	627	724	704
	4 季度	532	509	703	741

步骤 2：用户导入数据后，启动 Power Query 编辑器，可以看到原来 Excel 表格中的合并单元格的内容会显示为"null"（如图 5-16 所示）。

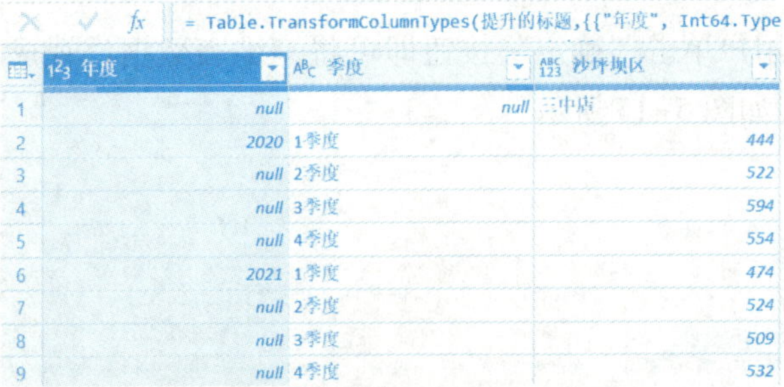

图 5-16　显示为"null"

步骤 3：用户选中年度列，执行"转换"→"任意列"→"填充"→"向下"命令。向下填充如图 5-17 所示。用户将年度数据补齐。

图 5-17　向下填充

执行后的填充效果如图 5-18 所示。此时"年度"列中所有数值都被补齐了。

图 5-18　填充效果

步骤 4：用户选中"年度"和"季度"列，执行"转换"→"文本列"→"合并列"命令。用户在弹出的窗口中，输入新列名为"年度季度列"。设置合并列属性如图 5-19 所示。

图 5-19　设置合并列属性

该步骤将实现两列合并，合并后的效果如图 5-20 所示。我们仔细观察该表就会发现，此时该表只是列标题带层级结构的二维表了。

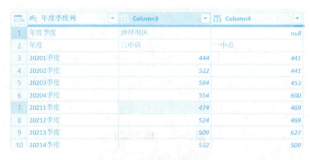

图 5-20 合并后的效果

步骤 5：用户执行"转换"→"表格"→"转置"命令。该操作是 Power Query 提供的数据转置功能，实现数据的行列互换，即行变成列，列变成行。转置后的效果如图 5-21 所示。

图 5-21 转置后的效果

步骤 6：用户选中第一列，将第一列向下填充。填充完成后，用户执行"转换"→"表格"→"将第一行作为标题"。完成后的效果如图 5-22 所示。此时我们可以看到，表单结构已经变成在第四章中出现的简单的二维表结构。

图 5-22 完成后的效果

步骤 7：用户选中前两列，逆透视其他列。逆透视其他列后的效果如图 5-23 所示。

f_x	= Table.UnpivotOtherColumns(提升的标题, {"年度季度", "年度"}, "属性", "值")		
123 年度季度	123 年度	ABC 属性	ABC 123 值
1　沙坪坝区	三中店	20201季度	444
2　沙坪坝区	三中店	20202季度	522
3　沙坪坝区	三中店	20203季度	594
4　沙坪坝区	三中店	20204季度	554
5　沙坪坝区	三中店	20211季度	474
6　沙坪坝区	三中店	20212季度	524
7　沙坪坝区	三中店	20213季度	509
8　沙坪坝区	三中店	20214季度	532
9　沙坪坝区	一中点	20201季度	441
10　沙坪坝区	一中点	20202季度	441
11　沙坪坝区	一中点	20203季度	453
12　沙坪坝区	一中点	20204季度	600

图 5-23　逆透视其他列后的效果

步骤 8：此时的表格已经变成一维表。我们仔细观察表格中的"属性"列会发现，此列是年度和季度的合并。为了和源数据保持一致，我们可以对其进行分列操作。

用户选中"属性"列，执行"转换"→"文本列"→"拆分列"→"按字符数"命令。在弹出的窗口中，用户将"字符数"设置为 4，并选择"一次，尽可能靠左"。设置拆分列属性如图 5-24 所示。

图 5-24　设置拆分列属性

步骤 9：用户根据实际需要修改对应列的名称和类型，完成了表的转换。转换效果如图 5-25 所示。

f_x	= Table.TransformColumnTypes(重命名的列4,{{"销售额", Int64.Type}})				
地区	ABC 店名	ABC 年度	ABC 季度	123 销售额	
1　沙坪坝区	三中店	2020	1季度		
2　沙坪坝区	三中店	2020	2季度		
3　沙坪坝区	三中店	2020	3季度		
4　沙坪坝区	三中店	2020	4季度		
5　沙坪坝区	三中店	2021	1季度		
6　沙坪坝区	三中店	2021	2季度		

图 5-25　转换效果

至此，我们就得到了最终的一维表。分析整个转换过程可以发现，多维表、三维表、二维表转换成一维表并没有一个绝对统一的"操作流程"，上述提升标题、合并与拆分等都是基于对表的结构的理解基础之上的。因此，我们除了熟练使用逆透视功能外，还应该灵活掌握填充、提升标题、合并列、分列、数据类型转换以及列名更改等操作。逆透视的基本思路可以总结为：首先将行层级合并列，转换成单层行标题；其次实现多层列标题的合并；最后通过转置、提升标题、合并列、分列等操作实现转换。

5.2.3 Power Query 日期和时间的整理

我们进行数据分析时，经常需要对日期数据和时间数据进行整理。例如，销售记录表中只有销售日期，但在数据分析需要分析周末和平时的销售情况。本书以某公司销售数据为例，提取日期字段中的年、月、季度和星期等信息，并添加到新列中（文件位置：案例数据 \ 第五章 \ 日期数据整理实例.xlsx）。有关时间段的整理思路与日期的整理思路类似。

步骤 1：用户加载数据后，打开 Power Query 编辑器。

步骤 2：用户确定"日期"列为日期型数据（此步骤非常重要）。

步骤 3：用户选中"日期"列，执行"添加列"→"从日期和时间"→"日期"→"年"命令。设置添加列如图 5-26 所示。

图 5-26　设置添加列

该命令将会使用户得到新的一列为分离出来的年份数据。同理，用户也可以从"日期"列中分离出一年的某一个季度或月份或星期。添加其他列如图 5-27 所示。

日期	销代额	年	季度	星期几
2021-01-01	161524	2021	1	星期五
2021-02-15	12704	2021	1	星期一
2021-03-18	15966	2021	1	星期四
2021-04-01	16987	2021	2	星期四
2021-05-11	33679	2021	2	星期二
2021-06-06	11569	2021	2	星期日
2021-07-31	70619	2021	3	星期六

图 5-27　添加其他列

用户从日期型数据中分离出年、月、季度和星期也可以用 DAX 对应的函数。

5.3　本章练习

判断题

（1）Power BI Desktop 不能从文件中获取数据。　　　　　　（　　）
（2）数据整理也叫数据处理或数据清洗，是对从各类数据源导入的数据，通过一定的方法将其整理成符合要求的数据，然后加载到数据模型中。
　　　　　　　　　　　　　　　　　　　　　　　　　　　　（　　）
（3）数据的拆分、提取和合并都属于数据清洗中的常见操作。（　　）
（4）Power Query 编辑器中不能删除行数据。　　　　　　　（　　）
（5）数据的透视和逆透视是 Power Query 编辑器中非常重要的功能，可以实现多维表和一维表之间的相互转换。　　　　　　　　　　（　　）
（6）Power Query 编辑器中通过鼠标进行的每一步操作都会自动生成 Python 语言代码。　　　　　　　　　　　　　　　　　　　（　　）
（7）Power BI 中的索引序号是从 0 开始的。　　　　　　　（　　）
（8）维度表的主要特点是包含类别属性信息，且数据量较小。（　　）
（9）Power BI 只能从 Excel 工作簿中获取数据。　　　　　（　　）
（10）Power BI 中的日期和时间是同一种数据，导入之后不能修改。
　　　　　　　　　　　　　　　　　　　　　　　　　　　　（　　）

实训题

尝试从下列途径获取实训所需数据：
（1）从相关网站下载数据（如国家统计局等）。
（2）直接从网页获取数据。
（3）从文本文件、CSV 文件中获取数据并仔细思考这些文件中的数据结构对数据清洗工作的影响。
（4）对获取的数据进行适当的数据整理，以满足数据建模与可视化要求。

6　模型构建与实现

本章是本书的核心部分之一，本章通过实例让读者对模型关系有充分的认知，并学会如何创建和管理表间关系。在前面章节的学习中读者已经对 DAX 表达式有了初步了解，本章将通过大量实例，对财务数据分析建模中常用的聚合函数、关系函数、日期函数、关系表达式等几十个函数的功能及用法进行说明，让读者通过本章的学习，不仅能够掌握和熟练运用常见的财务数据分析 DAX 函数，而且能够掌握函数使用的关键技巧，具有一定的自主学习能力。

6.1　业务模型构建与分析

6.1.1　表及表间关系

Power BI 的字段、度量值、事实表、维度表以及关系的集合构成了数据模型。数据模型是进行数据分析的基础，是数据分析质量和效率的关键。

数据模型并不只是个概念，一个良好的数据模型是可以将多个表像一个表一样使用的解决方案，也是一个良好的报告系统的基础。数据模型建立得好就可以更简单地完成数据分析。

在第四章中的初步理解数学模型构建中，我们简单提及了事实表和维度表以及表间关系。本章以几个不同的销售表格来进一步分析和理解这些内容（文件位置：案例数据 \ 第五章 \ 表及表间关系分析实例 1.xlsx 和表及表间关系分析实例 2.xlsx）。

"表及表间关系分析实例 1.xlsx"文件中的办公用品销售表单共有 20 列之多，分别为行 ID、订单 ID、订单日期、发货日期、邮寄方式、客户 ID、客户名称、客户属性细分、城市、省/自治区/直辖市、国家/地区、地区、产品 ID、类别、子类别、产品名称、销售额、数量、折扣、利润。这是 Power BI 初学者常见的一种错误，即把所有数据都放在一张大表中，不去区分事实表和维度表。这种方式不仅使得数据分析过程非常困难，用户也很难熟悉数据背后的业务逻辑以及清楚自己要做什么、需要分析哪些数据，并且会大大降低系统执行效率。实际上，有一点数据库基础常识的人都应该知道这种表在数据库管理系统中应该是不被允许的。Power BI 中事实表和维度表的相关概念实际上也是沿用的数据库管理系统的相关概念，普通用户不需要知道复杂的基础理论，只需要知道这种表结构应该是不被允许的就可以了。

"表及表间关系分析实例 2.xlsx"文件中包含了 5 张表，分别为产品表、日期表、门店表、会员表和销售表。其中，销售表是事实表，表示业务开展而产生的事实结果记录。其他的表格都是维度表，表示了分析问题的不同角度，比如门店表表示了门店的详细信息，可以用于分析有关门店的销售情况等。此时这五个表之间就会存在表间关系。

两个表之间的联系称为关系，关系是数据建模最基础也是最重要的概念。基数是两个表格的对应关系，关系是有次序的，分为左表和右表。两个表之间有多对一、一对一、一对多和多对多四种关系。

多对一（＊：1）关系：左表中的关系里有重复值，而在右表中是单一值。

这是最常见的一种表间关系。在关系的"1"端的表通常是维度表，而在关系的"＊"端的表是事实表。

例如，订单表和门店表之间就是多对一关系，门店表中的某一个门店编号在订单表中多次出现。

一对一（1：1）关系：左表和右表关系列中的值都是唯一的。

维度表中的对应关系一般都是一对一的。产品表是不重复的产品列表，客户表是不重复的客户列表。

一对多（1：＊）关系：与多对一关系正好相反。

多对多（＊：＊）关系：左表和右表关系列均有重复值（尽量避免使用这种关系）。

简单来说，数据建模首先就是在表之间建立关系。这貌似很简单，但知道在哪些表之间建立关系、建立什么样的关系并不容易，尤其是在复杂的数据分析及表比较多的情况下。

要建立一个好的数据模型，首先要熟悉数据背后的业务逻辑。用户在深入分析的基础上还要有一定的建模经验和知识积累，分清楚哪些是事实表，哪些是维度表。事实表是否需要被拆分？维度表是否够用？关系应该如何建立？这些都是需要解决的问题。

Power BI 借助数据库相关基础理论认为数据模型的结构有很多种。其中星形模型被普遍认为是非常有利于数据分析的一种模型。"表及表间关系分析实例2.xlsx"文件中的5个表单的表间关系如图6-1所示，这就是一个典型的星形模型。

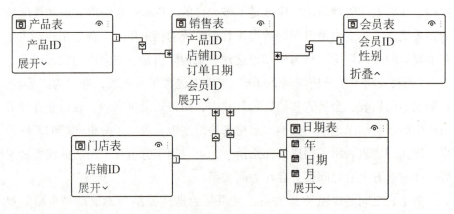

图6-1 表间关系

在星形模型中，事实表居中间，维度表在周围，关系最大深度为1。这种模型的好处是两个表之间不会有循环关系，一个表到另一个表只有一条单一路径。这样模型会有较少的表和较少的关系，便于理解，性能上也更优。当然，只要符合上述特征的就是星形模型，而不一定非得要排列得如此规整。

随着用户数据分析能力的逐步提高，其会发现由于事实业务和数据来源的复杂性，表格之间的关系会错综复杂。建立模型通常很费力，有时并没有最好的建模方案，需要做出很多决定和权衡，因此我们认为在数据建模时应该努力推动数据模型更接近于星形模型来解决问题，而不是认为星形模型是唯一最佳方案。

6.1.2　模型关系的创建与整理

在一个数据模型中，我们可以将来自不同表甚至是不同数据源的表建立关系，使得各个独立的表变成相互联系的、有意义的数据模型。这样我们便可以分析来自不同表格的数据。这正是数据模型及数据分析的魅力之一。本部分继续以某公司批发点销售数据为例，说明如何进行模型关系的创建与整理（文件位置：案例数据\第六章\模型关系的创建与整理实例.xlsx）。

步骤1：用户执行"主页"→"数据"→"excel 工作簿"命令（注意：此时需要导入的是所有表格）。

步骤2：用户在 Power BI Desktop 界面中切换到"模型"视图（如图6-2所示）。

图 6-2　"模型"视图

步骤 3：用户需要注意系统在导入表单时有相同字段的两张表会自动建立关联关系，比如产品表通过"产品 ID"字段与销售表自动关联；门店表通过"店铺 ID"字段与销售表自动关联；会员表通过"会员 ID"字段与销售表自动关联。很明显，这是一种星形模型。

系统自动建立的关联关系可以很大程度方便用户，但系统并不保证所有的关联关系都是正确的或被需要的。因此，用户需要检查表间关系是否和需要的一致。

步骤 4：在建模视图中，关系就是一条线，关系的中间带有箭头。两端还有"1"或"＊"的符号，这些都是关系的属性（如图 6-3 所示）。

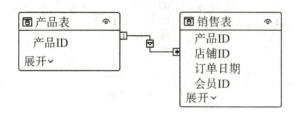

图 6-3　关系的属性

步骤 5：用户选中一个关系，单击鼠标右键，选择"属性"，将可以看到这个关系的详细信息（如图 6-4 所示）。该关系表示的是销售表和产品表之间通过"产品 ID"形成一对多关系。此时，用户可以根据业务需要编辑此关系。用户选中一个关系，单击鼠标右键，选择"删除"，则可以删除此关系。

图 6-4　关系的详细信息

步骤 6：用户根据业务需要将日期表中的"日期"字段拖拽到销售表的订单日期字段，即可建立日期表与销售表之间的关联（如图 6-5 所示）。

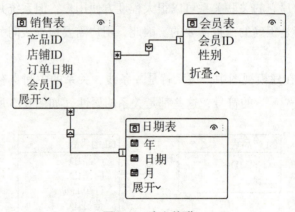

图 6-5　建立关联

Power BI 初学者要养成分析数据业务逻辑、检查和建立表间关系、建立数据模型的习惯。换句话讲，数据模型是数据分析的基础，数据分析离不开 DAX，离不开度量值。初学者想真正理解 DAX 和度量值运行的逻辑，首先必须保证理解数据模型，对一次数据分析任务在真正开始使用 DAX 和度量值之前应该对其数据模型烂熟于心。

6.2　重要 DAX 表达式实训一

熟练掌握 DAX 表达式是 Power BI 学习过程中最耗费时间、最难的工作，同时也是最有成就感的工作之一。如此众多的 DAX 函数是不可能一次就背下来并灵活应用的。在前面章节中我们已经说明 DAX 的一般语法规则，读者在此基础上，带着任务学习，以解决问题为导向，逐渐积累函数并灵活运用是最好的学习方法。下面以某成绩单为例（文件位置：案例数据 \ 第六章 \ 重要 DAX 表达式实训 1.xlsx），介绍几个常用的 DAX 函数。这里并不是单纯讲解函数的用法，而是通过实际应用，让读者能掌握学习 DAX 函数的使用方法。

6.2.1　IF 函数嵌套

函数嵌套是 DAX 表达式实现复杂功能的关键手段，读者需要多加练习才能掌握相应技巧。

假设根据数据分析需要，用户需完成如下设置：总分大于 270 分的为"优秀"，总分小于 180 分的为"不及格"，其他为"合格"。

在前面章节中，若只实现总分大于 270 分的为"优秀"，可以使用 IF 函数来实现。但在此基础上当总分小于 180 分的为"不及格"，其他为"合格"，则构成了 IF 函数嵌套。IF 函数嵌套逻辑思路如图 6-6 所示。

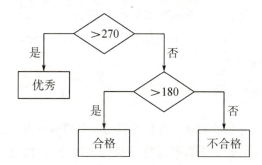

图 6-6　IF 函数嵌套逻辑思路

我们分析 IF 函数的结构如下：

IF（条件，真的结果，假的结果），此时实现这种逻辑关系需要在"假的结果"的位置再次写入一个完整的 IF 函数，这被称为 IF 函数嵌套。也就是说，在条件为假的基础之上再一次进行 IF 函数的判断。

步骤 1：用户导入源数据文件。该数据分析任务结构简单，只有一张表，表名为 sheet1，不存在表间关系。

步骤 2：用户新建一个计算列，完成总分计算。

步骤 3：用户新建一个计算列，在公式编辑栏输入 DAX 公式。

等级 ＝ if('Sheet1'[总分]＞＝270,"优秀",if('Sheet1'[总分]＜180,"不及格","合格"))

计算结果如图 6-7 所示。

学 ▾	英语 ▾	总分 ▾	等级 ▾
86	69	253	合格
56	54	182	合格
74	51	210	合格
68	75	219	合格
72	82	250	合格
50	63	169	不及格
72	80	246	合格
55	67	222	合格
80	64	221	合格

图 6-7　计算结果

上述 DAX 表达式也可以说是内嵌 IF 函数的执行结果作为外部 IF 函数的一个参数。这种一个函数的执行结果作为另一个函数的参数被称为函数嵌套调用。Power BI 函数嵌套具有以下特点：

第一，Power BI 并没有限制函数嵌套的深度。

第二，函数嵌套必须符合函数参数类型需要。

第三，一个函数的调用必须完整地出现在另外一个函数的参数中，不允许出现函数交叉调用。

6.2.2　常见聚合函数

假设根据数据分析的要求，我们需要分析计算全体学生的总分、最高分和最低分，计算所有人的全科平均分（总分平均分），按总分给出每个人的排序（总分相同者为并列名次，不分先后）。

步骤 1：用户新建三个度量值，分别在公式编辑栏输入以下 DAX 公式：

总平均分 = AVERAGE('Sheet1'[总分])

总分最高分 = MAX('Sheet1'[总分])

总分最低分 = MIN('Sheet1'[总分])

步骤 2：用户新建一个计算列，在公式编辑栏输入以下 DAX 公式：

总分名次 = RANK.EQ('Sheet1'[总分],Sheet1[总分])

我们可以看到，这几个函数和 Excel 中的函数一样，其用法和功能也类似。熟悉 Excel 函数的用户可以发现，函数名相同时，使用这些函数可以按照 Excel 的语法规则，注意区别即可。

6.2.3　SUMMARIZE 函数

假设根据数据分析的要求，我们需要统计分析每个专业中总分的最高分、最低分和平均分（等级分别为"优秀""合格""不合格"的，其总分的最高分、最低分、平均分分别为多少）。

这里需要使用的是 SUMMARIZE 函数。该函数可以用于生成数据汇总表，按一列或多列对数据进行分组，并且可以使用指定的表达式为汇总后的表添加新列。

SUMMARIZE（ < table > , < groupBy_columnName > [, < groupBy_columnName >] … [, <name> , <expression>] … ）

其中，<table>是一个表格，后面可以跟一个或多个聚合列，最后可以增加一列或多列的聚合值，每一组聚合值列由列名称和列参数组成。

步骤 1：用户需要新建一个名为"专业总分统计"的表。

用户在公式编辑器中输入以下 DAX 表达式：

专业总分统计 = SUMMARIZE（'Sheet1','Sheet1'[专业],"最高分", MAX('Sheet1'[总分]),"最低分",MIN('Sheet1'[总分]),"平均分",AVERAGE（Sheet1[总分]））

此处，第一个参数表示表名；第二个参数表示在该表上以专业进行分类汇总；第三个参数和第四个参数可以理解为"成对"出现，第三个参数表示新建表中的新的一列的列名为"最高分"；第四个参数表示该列数据的来源为函数 MAX('Sheet1'[总分]）的计算结果；同理，第五个参数和第六个参数是一对，第七个参数和第八个参数是一对。

细心的读者肯定已经发现这实际上是一个函数嵌套。MAX（）、MIN（）、AVERAGE（）函数的返还结果分别作为了 SUMMARIZE（）函数的第四个参数、第六个参数和第八个参数。

同时，读者还会发现，此时的 DAX 表达式参数已经相当复杂。用户在使用 DAX 进行数据分析时，有多层的函数嵌套很常见，如果将所有的代码写在一行上，不做任何处理将导致难以理解，对初学者学习观摩新的函数运用非常不利。因此，用户在学习 DAX 之初，有必要先养成编写 DAX 代码格式化的好习惯。下面是一些 DAX 代码格式化的常用规则，这些规则虽然不影响 DAX 表达式的正确执行，但是可以大大增强 DAX 表达式的可读性。

第一，如果函数参数不多，比如只有 2~3 个，以不影响阅读和理解为原则，可以和函数放在同一行。

第二，如果函数中出现多个参数，可以将函数及其参数写在多行上，一般规则如下：

在公式编辑器中使用"Alt+Enter"键，实现提行。

左括号与函数在同一行。

右括号与函数开头对齐。

分隔两个参数的逗号位于前一个参数的同一行。

第三，如果必须将表达式拆分为更多行，则函数参数的排列以利于理解该函数为原则，运算符作为行中的首字符。

当然这个要求并不是一个强制性要求。随着用户对函数越来越熟悉，有的时候也没有必要这样要求，但当函数嵌套层次过深或用户在学习新函数时，养成良好的习惯是必要的。

比如这里使用的 SUMMARIZE ( ) 函数在书写表达上可以写成如图 6-8 所示。

结构		日历	关系	
✓	1	专业总分统计 = SUMMARIZE(		
	2	'Sheet1',		
	3	'Sheet1'[专业],		
	4	"最高分",MAX('Sheet1'[总分]),		
	5	"最低分",min('Sheet1'[总分]),		
	6	"平均分",AVERAGE(Sheet1[总分])		
	7	)		

图 6-8 SUMMARIZE ( ) 函数

此时很容易就能分辨出上述 DAX 表达式中每一个函数的参数、起始位置、嵌套层数等。用户结合 SUMMARIZE ( ) 函数每个参数的具体含义，理解该函数就非常容易了。专业总分统计表如图 6-9 所示。

最高分	最低分	平均分	专业
267	187	235.666666666667	理化测试与质检技术
241	182	208	汽车制造与装配技术
258	210	232.166666666667	工程造价
231	204	218	会计
250	190	224.888888888889	学前教育
238	169	204.333333333333	供用电技术
254	218	239.333333333333	机电一体化技术
222	185	201.666666666667	水利水电建筑工程
221	221	225.666666666667	电子商务

图 6-9 专业总分统计表

在表格中用户会发现"平均分"列的计算结果"非常难看"，这是系统默认的平均分函数输出数值格式。

步骤 2：用户选中"平均分"列，在列工具中将出现"平均分"列的数据类型和格式设置。用户将其设置为习惯上的小数点后面保留两位。设置

"列"属性如图 6-10 所示。

图 6-10　设置"列"属性

6.2.4　ALL 函数

假设根据数据分析的要求，我们需要得到一张学生成绩通知表。为避免学生之间相互比较成绩和名次，成绩通知表只显示学生姓名和对应等级。

此时我们需要使用 ALL 函数。它的参数可以是一个表，也可以是一个或多个列，不过返还的数据类型都是表。

步骤 1：用户新建一个表，在公式编辑器中输入以下 DAX 表达式：

学生等级通知表 = ALL（Sheet1［姓名］，Sheet1［等级］）

此时新建的学生等级通知表只不过是将原表中的"姓名"列和"等级"列单独构成的新表。新建表计算结果如图 6-11 所示。这实际上是该函数最简单的一种应用。

图 6-11　新建表计算结果

步骤 2：用户新建一个表，在公式编辑器中输入以下 DAX 表达式：

专业列表 = ALL（'Sheet1'［专业］）

此时参数只是表中"专业"这一列。函数返还的结果是这一列不重复的列表，也就是在表格中出现过的所有专业。新建的专业列表如图 6-12 所示。

图 6-12　新建的专业列表

6.2.5　FILTER 函数

假设根据数据分析的要求，我们需要以"数学成绩 85 分以上且总分大于 240 分"为依据，筛选出有资格参加数学建模比赛的同学，得到数据建模参数资格表。为避免其他数据干扰，数据建模参数资格表只显示学生姓名以及总分和数学得分情况。

第四章出现过的 FILTER( )函数可以实现该功能。

步骤 1：用户新建一个表，在公式编辑器中输入以下 DAX 表达式：

数学建模资格 = FILTER(' Sheet1 ',' Sheet1 '[数学]>85&& ' Sheet1 '[总分]>240)

函数中的第二个参数<filter>是筛选条件，这里使用了"&&"运算符表示前后的两个表达式为"并且"关系。

此时运算结果如图 6-13 所示。结果虽然"正确"，但很明显不是只有名单而是还包含了整个表中所有列的数据，这显然没有满足要求。

姓名	语文	数学	英语	总分	等级	总分名次	专业
藤曼暮	98	86	69	253	合格	8	理化测试与质检技术
栾听安	99	91	59	249	合格	14	机械电子工程
公羊灵枫	79	87	92	258	合格	4	工程造价
繁从蕾	99	93	96	288	优秀	1	市场营销
机听南	73	99	81	253	合格	8	水利水电工程
刑奇略	87	91	74	252	合格	10	土木工程
桐静逸	80	98	89	267	合格	3	理化测试与质检技术
杜绮琴	89	94	58	241	合格	20	汽车制造与装配技术

数学建模资格= FILTER('Sheet1','Sheet1'[数学]>85&&'Sheet1'[总分]>240)

图 6-13　运算结果

步骤 2：用户如果在 FILTER( )函数的第一个参数表上嵌套一个 ALL( )函数，将会过滤掉不需要的列，达到题目要求。

用户新建一个表，在公式编辑器中输入 DAX 表达式如图 6-14 所示。

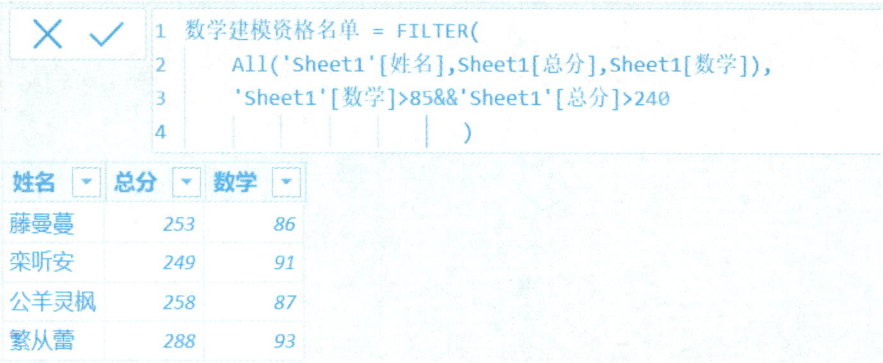

```
1  数学建模资格名单 = FILTER(
2      All('Sheet1'[姓名],Sheet1[总分],Sheet1[数学]),
3      'Sheet1'[数学]>85&&'Sheet1'[总分]>240
4      )
```

姓名	总分	数学
藤曼蔓	253	86
栾听安	249	91
公羊灵枫	258	87
繁从蕾	288	93

图 6-14　输入 DAX 表达式

很明显，ALL 函数完成了清除 FILTER( ) 函数外部上下文的效果。实际上，ALL 函数很少单独使用，清除上下文是它最常用到的功能。

上下文是理解 DAX 表达式的核心概念之一。简单来说，上下文就是 DAX 所处的外部环境，又分为筛选上下文和行上下文，这里就是一个典型的筛选上下文。通过 ALL 函数使得 FILTER( ) 函数在执行时，面对的表单并不是整个表，而是通过函数筛选之后的部分表，过滤掉了"语文""数学""英语"等不需要的列。

度量值的动态计算也是由于上下文的切换。同一个度量值计算公式在上下文环境不同时所得到的计算结果并不一样。初学者在使用度量值时，应精准理解当时 DAX 的上下文环境，需要花费一定的时间和精力来探索。

6.2.6　表和矩阵

Power BI 可视化对象中的表可以说是使用得最频繁的。这里的表实际上是一维表的概念，也就是说只有列值。因此，任何字段和度量值几乎都可以拖拽到表格中。

步骤 1：用户单击"可视化"窗口中的"表"按钮，并将"专业总分统计表"中的"专业""最高分""最低分""平均分"字段拖入表的"列"属性中。设置表属性如图 6-15 所示。

图 6-15　设置表属性

步骤 2：用户选中其中某一列，单击旁边下拉箭头，在弹出的菜单中可以设置各列的显示顺序或其他属性。表显示结果如图 6-16 所示。

专业	平均分	最低分	最高分
财务管理	228.17	195	277
电气工程及其自动化	210.67	203	225
电子商务	225.67	221	231
工程造价	232.17	210	258
工商管理	209.33	194	228
工商企业管理	216.67	198	234
供用电技术	204.33	169	238
会计	218.00	204	231
会计学	221.67	214	226
机电一体化技术	239.33	218	254
机械电子工程	224.00	198	249
计算机信息管理	210.00	206	214
建筑环境与能源应用工程	232.33	224	244
理化测试与质检技术	235.67	187	267
旅游管理	229.00	225	235
汽车服务工程	204.33	191	218

图 6-16　表显示结果

步骤 3：用户单击"可视化"窗口中的"矩阵"按钮，将 sheet1 表中的"专业"字段拖拽到"行"属性，将"等级"字段拖拽到"列"属性，将"总分的计算"字段拖拽到"值"属性。

步骤 4：用户在矩阵属性中选中"总分"，单击旁边下拉箭头，在弹出的菜单中选中"计数"。设置矩阵属性如图 6-17 所示。

图 6-17　设置矩阵属性

Power BI 可视化对象中的矩阵实际上是二维表，其结构和应用要比表复杂些。矩阵主要包含"行""列""值"属性，并允许对"值"属性进行一定程度的数据汇总。在某种程度上，矩阵可以简单理解为 Excel 的数据透视表。实际上，Power BI 的表和矩阵的数据信息密度很大，不仅可以提供明细数据，也可以部分代替度量值计算。因此，很多 Power BI 用户经常借此来测试度量值的返还结果。不复杂的理解和使用完全可以根据 Excel 的经验来完成。矩阵显示效果如图 6-18 所示。

专业	不及格	合格	优秀	总计
财务管理		5	1	6
电气工程及其自动化		3		3
电子商务		3		3
工程造价		6		6
工商管理		3		3
工商企业管理		3		3
供用电技术	1	2		3
会计		3		3
会计学		3		3
机电一体化技术		3		3
机械电子工程		3		3
计算机信息管理		3		3
建筑环境与能源应用工程		3		3
理化测试与质检技术		3		3
旅游管理		3		3
总计	2	86	2	90

图 6-18　矩阵显示效果

6.3 重要 DAX 表达式实训二

本节仍以某公司销售数据为例（文件位置：案例数据 \ 第六章 \ 重要 DAX 表达式实训 2.xlsx），继续介绍 Power BI 中一些非常重要的函数及其运用。

6.3.1 RELATED 函数

假设根据数据分析的要求，我们需要计算每条销售记录的产品销售额。

步骤 1：用户执行"主页"→"数据"→"Excel 工作簿"命令，导入其中的销售表和价格表。很明显，价格表和销售表之间是一对多关系。每个产品种类只有唯一价格，但在销售记录中每一销售记录都会对应产品类型而多次出现。由于两个字段的名称并不相同，因此在数据导入时系统不能自动建立关联，需要用户手动建立关联。建立完成后的关系如图 6-19 所示。

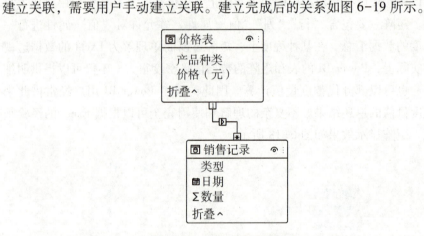

图 6-19　建立完成后的关系

步骤 2：销售记录表单中只出现了产品类型并没有对应的价格，价格详细信息在价格表中。因此，用户在计算在每条销售记录的产品销售额时需要引用价格表中的价格信息。此时用户需要用到 RELATED 函数。该函数的参数非常简单，却是 Power BI 中使用频率最高的函数之一。

用户在销售记录表单中新建一个计算列，在公式编辑栏输入以下 DAX 公式：

销售额 = ［数量］* RELATED('价格表'［价格(元)］)

在通常情况下，函数需要的列名可以由系统自动感知得到，并不需要用户手动输入，但前提是必须保证两个表之间有正确的表间关系。

6.3.2 CALCULATE 系列函数

CALCULATE( )系列函数包含 CALCULATE( )以及 CALCULATETABLE( )两个函数，都是 Power BI 中非常重要的函数。

其中，CALCULATETABLE( )函数的语法规则为 CALCULATETABLE（＜expression＞，＜filter1＞，＜filter2＞，…）。

表达式 expression 可以是表名称，也可以是计算结果为表的其他表达式。该函数应用指定筛选条件（filter1、filter2 等）完成表达式 expression 的计算。简单来说，该函数从第二个参数开始所有过滤条件的交集形成最终的筛选数据集合。用户对最终的筛选数据集合执行第一个参数的聚合运算后，返还运算结果。

显然这种不结合实例的规则讲解很难让初学者明白该函数是怎么使用的。下面结合具体任务来分析该函数的使用方法。

假设根据数据分析的要求，我们需要求 2021 年每种产品的销售数量，找出 2021 年产品销售数量大于 1 500 件的销售记录，计算 2021 年 1 月产品 A 的销售数量。

步骤 1：用户新建一个度量值，在公式编辑栏输入以下 DAX 公式：

产品数量 = COUNTROWS('销售记录')

COUNTROWS( )函数用于对指定表或表达式定义的表中的行数目进行计数（可理解为返回数据表中的行数）。

语法格式如下：

COUNTROWS （［＜table＞］）

只有一个参数 table，表示包含要计算行数的表的名称，或者可以返回表的表达式。

步骤 2：用户新建一个度量值，在公式编辑栏输入以下 DAX 公式：

产品数量计算 1 = CALCULATE （［产品数量］）

函数只用了第一个参数，筛选条件为空。此时函数的执行结果就是对整个销售记录表中的行数进行计数。

步骤 3：用户在画布中添加一个表，将表格"列"属性分别设置为"产品名称""产品数量""产品数量 1"。表的显示结果如图 6-20 所示。可以看到，步骤 1 和步骤 2 的作用实际上是相同的。

类型	产品数量	产品数量计算1
产品A	294	294
产品B	300	300
产品C	291	291
总计	885	885

图 6-20　表的显示结果

步骤 4：显然，2021 年产品销售数量大于 1 500 件的销售记录应该有很多条，因此函数的返还结果应该是一个表。用户新建一个表，在公式编辑栏输入以下 DAX 公式：

产品 A 销售量大于 1 500 = CALCULATETABLE('销售记录','销售记录'[数量]>1500,'销售记录'[类型]="产品 A")

计算结果如图 6-21 所示。该函数的第二个参数和第三个参数给出了数据筛选的条件，该函数的执行结果是在第二个参数和第三个参数交集的基础上，在第一个参数给出的表上完成的筛选。

日期	类型	数量	索引	序号	月份	销售额
2021-01-03 0:00:00	产品A	1561	6	006	1	49952
2021-01-06 0:00:00	产品A	1516	12	0012	1	48512
2021-01-07 0:00:00	产品A	1530	14	0014	1	48960
2021-01-09 0:00:00	产品A	1538	20	0020	1	49216
2021-01-11 0:00:00	产品A	1579	25	0025	1	50528
2021-01-13 0:00:00	产品A	1565	30	0030	1	50080

图 6-21　计算结果

步骤 5：2021 年 1 月的产品 A 的销售数量应该是一个值，而不应该是一个表。用户使用 CALCULATE() 函数，该函数的功能和 CALCULATETABLE() 函数非常类似。

用户新建一个度量值，在公式编辑栏输入 DAX 公式如图 6-22 所示。

```
1  产品A1月的销售数量 = CALCULATE(
2      sum('销售记录'[数量]),
3      '销售记录'[类型]="产品A",MONTH('销售记录'[日期])=1
4      )
```

图 6-22　DAX 公式

该公式中使用了 MONTH() 日期函数分析销售记录日期中的月份。该公式中的第二个参数和第三个参数给出了数据筛选的条件，用户在此条件基础上执行第一个参数给出的数量求和运算，得出想要的结果。

步骤6：用户可以使用可视化对象中的卡片图显示上述计算结果。卡片图显示结果如图6-23显示。此时用户会对度量值有更深入的认识。度量值是用DAX创建的一个虚拟数据值，它不改变原数据，也不改变数据模型，执行时需要依赖上下文环境。如果不在可视化对象上使用，用户甚至不知道它的计算结果是什么；一旦将其拖拽至可视化对象上，用户便能看到它神奇的计算能力。

图6-23　卡片图显示结果

另外，早期的Power BI版本好像并没有将这两个函数做严格区分，有的教程中认为CALCULATE()函数可以返回表。在实际应用中该系列函数涉及多重函数嵌套时计算逻辑非常复杂，读者可以在后面的学习中慢慢体会。

6.3.3　VALUES 函数

我们在很多时候得到的数据只有事实表，而没有维度表，这时需要通过事实表构造维度表。用户利用VALUES函数可以快速实现这一目的。VALUES函数的语法十分简单，参数只有指定的一个表的某一列（一个参数）。返还的数据类型是表，即该列不重复值的列表。

假如只知道销售就是一张表，需要得到产品维度表，用户输入的公式如下：

Values 函数生成的产品表 = VALUES('销售记录'[类型])

函数执行结果如图6-24所示。

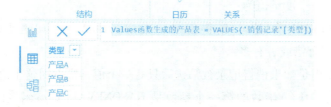

图6-24　函数执行结果

如果能够确定某列中的某个值只出现过一次，用户可以巧妙利用Values函数实现类似于查找的功能，比如需要查找销售员雷超的编号，由于每个销售员的编号都是唯一的，此时可以输入以下公式：

查找雷超的编号 = CALCULATETABLE（VALUES（'销售人员表'[销售员姓名]），'销售人员表'[销售员姓名]="雷超"）

函数执行效果如图 6-25 所示。

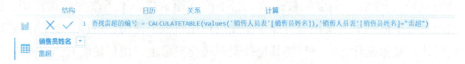

图 6-25　函数执行效果

需要特别注意的是，使用以下函数也能实现类似的查询功能：

查找雷超的编号 = CALCULATE（VALUES（'销售人员表'[销售员姓名]），'销售人员表'[销售员姓名]="雷超"）

但两者是有区别的，CALCULATETABLE（）函数返回的是一个表，而CALCULATE（）函数返回的是一个度量值。用户使用这两个函数时需要根据实际情况来确定，通常返回值是一个度量值更有利于后续的函数嵌套使用，使用频率相对较高。

显然，用户如果执行以下函数：

VALUES 返回产品类别 = CALCULATE（VALUES（'销售记录'[类型]，'销售记录'[类型]="产品 A"））

由于销售记录中关于产品 A 的销售不止一个，VALUES（）函数无法返回唯一的值，导致函数报错。

为了避免这种情况，用户联合使用 IF（）函数和 HASONEVALUE（）函数来判断某一列是否被过滤成了一个值，从而扩充查找功效。

其中，HASONEVALUE（）函数的参数也只有一个，同样也是表的某一列，用来判断该列是否被过滤成了仅有一个值。如果是一个值则返回TRUE，如果没有值或有多个值时则返回 FALSE，因此顺理成章地可以作为IF（）函数的中的条件表达式参数。

例如，一个度量值为：

IF（HASONEVALUE（'销售记录'[类型]），VALUES（'销售记录'[类型]），"类型有错或者有多条"）

它的作用是如果销售记录被筛选后只有一个值，则返回这个值；否则返回报错信息。IF（）函数的第一个参数是 HASONEVALUE（）函数的返回值，第二个参数是 VALUES（）函数的返回值，第三个参数是一个表示错误的提示字符串。该函数通常用来结合上下文判断该列是否为唯一值，做切片器交互时十分有用。

6.4　重要 DAX 表达式实训三

DAX 中有关时间和日期的函数被大致分成两类：一类被称为时间/日期函数，其基本功能大多和 Excel 函数非常类似；另一类被称为时间智能函数，是 DAX 中的又一个学习难点。下面以某公司销售数据为例（文件位置：案例数据\第六章\重要 DAX 表达式实训 3.xlsx），继续介绍 Power BI 中这一类非常重要的函数及运用。

6.4.1　WEEKDAY 函数

假设根据数据分析的要求，我们需要按周来统计每天的销售量，即周一卖了多少、周二卖了多少，一周之内哪一天销售情况最好。

步骤 1：用户执行"主页"→"数据"→"Excel 工作簿"命令，导入其中的销售表和价格表。很明显，价格表和销售记录表之间是一对多关系；销售人员表和销售记录表之间是一对多关系。这三个表也可以被看成一个典型的星形结构。

用户在销售记录表单中新建一个计算列，在公式编辑栏输入以下 DAX 公式：

销售额 =［数量］* RELATED('价格表'[价格(元)])

步骤 2：销售记录表包含的是 2022 年 6 月 1 日以来每一天的销售情况，如果要按周来统计每天的销售量就必须知道每个日期对应星期几。这需要用到 WEEKDAY( )函数。

WEEKDAY(<date>, <return_type>)

return_type 为 1（默认）时，星期日为 1，星期六为 7。第二个参数若为默认（默认为 1），则周日是第一天；若为 2，则星期一是第一天。很显然，人们习惯第二个参数的值为 2。

用户新建一个计算列，在公式编辑栏输入以下 DAX 公式：

星期几 = WEEKDAY([日期],2)

计算结果如图 6-26 显示。

图 6-26　计算结果

步骤 3：为了后面的数据好理解，用户可以将计算列的 DAX 表达式进一步修改为：

星期几 = CONCATENATE（"星期"，WEEKDAY（［日期］,2））

注意：此时用户将步骤 1 中新建的列名改为"星期排序依据"，用于后面可视化对象中的排序显示。

步骤 4：在报表视图右侧的可视化窗口中，用户选择折线图，将"销售记录"中的"星期几"字段拖拽到 X 轴，"销售量的总和"字段拖拽到 Y 轴。设置折线图属性如图 6-27 所示。

图 6-27　设置折线图属性

步骤 5：用户将折线图按"星期几"字段做升序排序。可以看到，"星期 5"的销售额最高。用户可以进一步进行折线图的格式设置，将数据标签打开则可以看到每一天的销售额。折线图显示效果如图 6-28 所示。

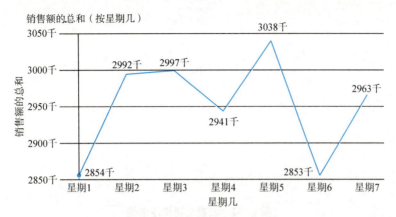

图 6-28 折线图显示效果

步骤 6："星期 1""星期 2""星期 3"的显示方式并不符合日常习惯。如果需要显示成"星期一""星期二""星期三"这种形式，用户就需要对 WEEKDAY 函数的计算结果做多分支判定，也就是 IF 函数的多层嵌套。

用户新建一个计算列，在公式编辑栏输入 DAX 公式如图 6-29 所示。

```
1  星期显示 =
2  if(
3    WEEKDAY([日期],2)=5,"星期五",
4    if(WEEKDAY([日期],2)=4,"星期四",
5      if(WEEKDAY([日期],2)=3,"星期三",
6        if(WEEKDAY([日期],2)=2,"星期二",
7          if(WEEKDAY([日期],2)=1,"星期一",
8            if(WEEKDAY([日期],2)=6,"星期六","星期日")
9          )
10        )
11      )
12    )
13  )
```

类型	数量	索引	序号	月份	销售额	销售员编号	星期排序依据	星期几	星期显示
产品B	882	2	002	1	24696	A39	5	星期5	星期五
产品B	900	4	004	1	25200	A16	6	星期6	星期六
产品B	812	9	009	1	22736	A41	1	星期1	星期一
产品B	880	11	0011	1	24640	A85	2	星期2	星期二
产品B	840	15	0015	1	23520	A16	4	星期4	星期四

图 6-29 在公式编辑栏输入 DAX 公式

步骤 7：用户再次在可视化窗口中选择新的折线图，按步骤 4 和步骤 5 操作。

步骤 8：用户首先选中新的折线图，然后在右边字段窗口中选中"星期显示"字段，依次执行窗口上面"列工具"→"按例排序"命令，选中"星期排序依据"。设置星期排序依据如图 6-30 所示。

图 6-30　设置星期排序依据

此时新的折线图显示将符合日常习惯，两个折线图执行效果对比如图 6-31 所示。此时就可以非常直观地看到 2022 年 6 月以来，星期五的销售业绩是最好的。

图 6-31　两个折线图执行效果对比

另外，用户在数据分析中可以使用用户以下函数分析当前日期是星期几？
WEEKDAY（NOW()，2）

6.4.2　DATESY 系列函数

假设根据数据分析的要求，我们需要统计从 2022 年 6 月 1 日到现在的所有销售记录。此时我们可以使用时间智能函数 DATESYTD 函数。

DATESYTD 函数的参数只有一个，为日期型数据。该函数的返回值是一个时间列表。Power BI 也提供 DATESMTD（<dates>）函数和 DATESQTD（<dates>）函数。仔细分解函数名称中的单词来源，可以发现这些函数分别表示年初至今、月至今和本季度至今。分解函数名称的单词组成是记忆 Power BI 函数最好的方式，同时也能发现同一类函数的功能非常相近。

步骤 1：用户新建一个表，在公式编辑栏输入 DAX 公式如图 6-32 所示。

图 6-32　输入 DAX 公式

2022 年下半年至今 = DATESYTD('销售记录'[日期]）

该函数的返回结果是销售记录中从 2022 年 6 月 1 日至今所有的日期列表。此时用户会发现，"至今"实际上是一个上下文环境。这一类函数也被称为时间智能函数。

步骤 2：用户新建一个度量值，在公式编辑栏输入以下 DAX 公式：

2022 年 6 月至今销售额 = CALCULATE(
　　　　sum('销售记录'[销售额]），DATESYTD('销售记录'[日期]）
　　　　　　　　）

步骤 3：用户使用可视化对象中的标签来显示计算结果（如图 6-33 所示）。

图 6-33　计算结果

步骤 4：此时用户会发现，如果新建一个度量值，在公式编辑栏输入以下 DAX 公式：

2022 年 6 月至今销售额 1 = sum('销售记录'[销售额])

也会得到和步骤 3 相同的结果，两者之间的区别在哪里呢？通过 DATE-SYTD 时间智能函数得到的值依赖于上下文，当前日期不同计算结果也不同。步骤 4 则"粗暴"地将表中所有销售记录的销售额求和，计算结果和当前日期无关。

进一步分析，假定当前日期为 2022 年 12 月 25 日，用户使用 DATESMTD（<dates>）函数可以得到 2022 年 12 月 1 日至 2022 年 12 月 25 日的销售总额；使用 DATESQTD（<dates>）函数可以得到 2022 年 10 月 1 日至 2022 年 12 月 25 日的销售总额。这是简单使用 SUM（）函数无法实现的。

虽然从理论上来讲用户如果能够非常熟练地应用日期/时间函数和其他函数相结合，可以实现绝大多数智能函数的相关功能，但是函数结构会相当复杂。总之，时间智能函数极大便利了 Power BI 使用中与时间相关的计算。

6.4.3　TOTAL 系列函数

TOTAL 系列函数主要有三个：TOTALYTD 函数（年至今函数）、TOTALMTD 函数（本月至今函数）以及 TOTALQTD 函数（本季度至今函数）。

这是一个返回值的时间智能函数，有些教材认为 TOTAL 系列函数和 DATA 系列函数的区别是 TOTAL 系列函数实际上"内置"了 CALCULATE 函数，因此其功能更强大，使用户书写更方便。TOTALYTD 函数属性如图 6-34 所示。

TOTALYTD（<表达式>，<日期列>，[筛选器]，[截止日期]）			
参数	属性		描述
表达式			返回标量值的表达式
日期列			包含日期的列
筛选器	可选		应用于当前上下文的筛选器参数，可以是布尔表达式或表表达式
截止日期	可选		带有日期的文本字符串，例如"3-31"，用于定义年末日期，默认值为 12 月 31 日

图 6-34　TOTALYTD 函数属性

以 2022 年 6 月 1 日到现在的所有销售记录为例，用户新建一个度量值，在公式编辑栏输入以下 DAX 公式：

2022 年 6 月至今销售额 2 = TOTALYTD(SUM('销售记录'[销售额]),'销售记录'[日期])

用户会得到和 6.4.2 同样的计算结果。关于 DATES 系列函数和 TOTAL 系列函数，用户完全可以根据自己的喜好和熟悉程度自行选择，熟悉哪个函数就用哪个函数。

根据这些时间智能函数返还的结果。我们把时间智能函数分为返还值的时间智能函数（如表6-1所示）和返还表的时间智能函数（如表6-2所示）。

表6-1　返还值的时间智能函数

函数名	主要用途
TOTALMTD/TOTALQTD/TOTALYTD	月/季/年初至今
CLOSINGBALANCEMONTH/QUARTER/YEAR	月/季度/年的期末数据
OPENINGBALANCEMONTH/QUARTER/YEAR	月/季度/年的期初数据

表6-2　返还表的时间智能函数

函数名	主要用途
DATESMTD/DATESQTD/DATESYTD	月/季度/年初至今
FIRSTDATE/LASTDATE	第一个日期/最后一个日期
PREVIOUSDAY/MONTH/QUARTER/YEAR	上一日/月/季度/年
NEXTDAY/MONTH/QUARTER/YEAR	次日/月/季度/年
ENDOFMONTH/QUARTER/YEAR	月/季度/年的最后一天
STARTOFMONTH/QUARTER/YEAR	月/季度/年的第一天
SAMEPERIODLASTYEAR	上年同期
DATEADD	移动一定时间间隔后的时间段
DATESBETWEEN	从起始日到结束日的时间段
DATESINPERIOD	从指定日期移动一定时间间隔的时间段
PARALLELPERIOD	移动指定间隔的完整粒度的时间段

观察这些函数的功能，我们会发现这些函数和财务数据分析有很大关系，因此需要在今后的学习中特别关注这些函数的应用，它们会给财务数据分析实际工作带来很大便利。

6.4.4　DIVIDE 函数

Power BI 提供的（"/"）除号运算符（"/"）可以完成除法运算，但当分母为零时，将无法进行运算，并且计算系统会报错。Power BI 提供了 DI-VIED 函数，也被称为"安全"除法，即当分母为 0 时，系统不报错，可以显示为空白或其他特定信息。显然这在财务数据分析中计算占比时非常有用。

假设根据数据分析的要求，我们需要统计每类产品在总销售总额中的占比情况。

步骤 1：用户首先必须按每类产品汇总销售额，新建一个表。输入的 DAX 公式和计算结果如图 6-35 所示。

图 6-35　输入的 DAX 公式和计算结果

步骤 2：用户新建的是一个表，还要在该表中新建一个计算列。用户在公式编辑栏输入的 DAX 公式和计算结果如图 6-36 所示。

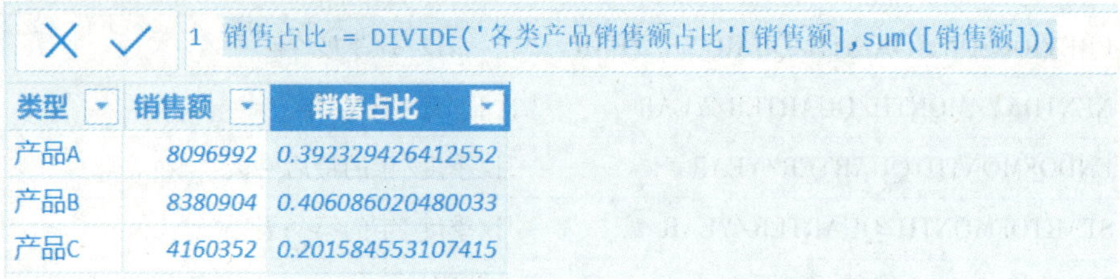

图 6-36　输入的 DAX 公式和计算结果

步骤 3：用户选中销售占比列，在"列工具"→"格式化"菜单中，修改显示格式为"百分比"及"小数点后两位"（如图 6-37 所示）。

图 6-37　修改列格式

DIVIDE 的语法规则如下：

DIVIDE（<分子>，<分母>，[<备用结果>]）

其中，第三个参数默认可以不写。当有可能分母为 0 时，用户可以使用第三个参数，给出分母为 0 时的处理信息。比如结果 0 或给出对应的提示，以避免返回错误值。

销售占比 = DIVIDE('各类产品销售额占比'[销售额],sum([销售额]),0)

销售占比 = DIVIDE('各类产品销售额占比'[销售额],sum([销售额]),"销售总额计算错误!")

通常认为该函数的处理速度没有使用运算符快。

6.4.5 LOOKUPVALUE 函数

假设根据数据分析的要求，我们需要在销售数据中统计销售员唐兵目前的销售额是多少。

我们分析销售记录表会发现，销售记录中只有销售员编号，并没有销售员姓名，因此，我们首先需要在销售人员表中找出唐兵对应的销售员编号。此时我们可使用 LOOKUPVALUE 函数。其语法规则如下：

LOOKUPVALUE(<result_column>,<search_column>, <search_value>…)

该函数是指在 search_column 中查找 search_value，如果找到匹配值，则返回该行中 result_column 列的值；如果没有找到匹配值，则返回空值。

步骤 1：用户新建一个度量值，在公式编辑栏输入以下 DAX 公式：

唐兵的编号 = LOOKUPVALUE('销售人员表'[销售员编号],'销售人员表'[销售员姓名],"唐兵")

步骤 2：用户使用标签可视化对象可以看到，该度量值的运行结果为“A29”，与实际情况相符。

步骤 3：用户接下来需要按每个销售员汇总销售额，根据前面的知识新建一个表。输入的 DAX 公式和计算结果如图 6-38 所示。

```
销售员销售额汇总 = SUMMARIZE(
    '销售记录','销售记录'[销售员编号],
    "销售额",sum('销售记录'[销售额]))
```

销售员编号	销售额
A4	933259
A15	508706
A2	729923
A21	185255
A25	599392
A23	472842
A29	859043

图 6-38 输入的 DAX 公式和计算结果

步骤 4：用户只需要在新建的销售员销售额汇总的表格中查找“A29”编号。此时销售员的销售额又可以使用 LOOKUPVALUE 函数。

用户新建一个度量值，在公式编辑栏输入以下 DAX 公式：

唐兵的销售业绩 = LOOKUPVALUE('销售员销售额汇总'[销售额],'销售员销售额汇总'[销售员编号],"A29")

步骤5：用户使用标签可视化对象展示的计算结果如图6-39所示。这与实际情况相符。

859千
唐兵的销售业绩

图6-39　计算结果

步骤6：用户熟悉函数嵌套后会发现，步骤1可以嵌套在步骤4中构成函数嵌套。度量值公式如图6-40所示。

```
1  唐兵的销售业绩1 = LOOKUPVALUE(
2      '销售员销售额汇总'[销售额],
3      '销售员销售额汇总'[销售员编号],
4      LOOKUPVALUE('销售人员表'[销售员编号],'销售人员表'[销售员姓名],"唐兵")
5      )
```

图6-40　度量值公式

函数的灵活应用，特别是函数的嵌套并不能一蹴而就。对于初学者来讲，其首先应该保证逐步完成任务，等实际经验积累到一定程度之后，自然就会灵活应用函数嵌套了。

6.5　重要 DAX 表达式实训四

本节继续以某批发点销售数据为例（文件位置：案例数据＼第六章＼重要 DAX 表达式实训4.xlsx），介绍 Power BI 中一些非常重要的函数及运用。

6.5.1　DATESINPERIOD 函数

假设根据数据分析的要求，我们需要计算销售记录中1月最后一周销售总额（以零售价计）。

步骤1：用户执行"主页"→"数据"→"Excel 工作簿"命令，导入 Excel 中所有表单。用户在"模型"视图中可以看到各表之间的关联关系如图6-41所示。

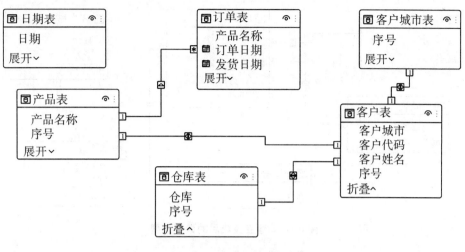

图 6-41　各表之间的关联关系

用户仔细观察各表之间的关联关系会发现，仓库表和客户表之间、产品表和客户表之间、客户城市表和客户表之间由于有一个共同的"序号"字段，因此在导入表格时系统给它们之间建立了一个关联关系。实际上，只有客户城市表和客户表之间的关联关系是合理的，其他关联关系都不应该存在，因此用户需要手动删除错误的关联关系。

另外，由于日期表和订单表、订单表和客户表之间并没有同名的字段，因此根据需要它们之间的关联关系需要用户手动建立。用户建立日期表中的"日期"和订单表中的"订单日期"之间的一对多关系；客户表中的"客户姓名"和订单表中的"客户姓名"之间的一对多关系；客户表中的"序号"和客户城市表中的"序号"之间的一对一关系。建立完成后的数据模型如图 6-42 所示。对于初学者来讲，其首先应该养成一种意识就是正确的数据模型才能保证后续 DAX 表达式的正确执行。

该数据模型基本上是一个星形模型，但订单表和客户城市表之间构成了二级关联关系，会给后面的数据分析带来一定的麻烦（比如函数嵌套层次过深、大大增加度量值或新建表数量等）。除此之外，我们还会发现，由于在订单表中没有"客户代码"字段，所以订单表和客户表的一对多关系是建立在"客户姓名"字段上的，但当客户表中出现重复的客户姓名时，两个表之间就会构成多对多关系，这会使得数据分析的过程非常繁锁，甚至无法得到正确结果。这也就是我们前面所说的数据模型将会决定数据分析质量的根本原因。

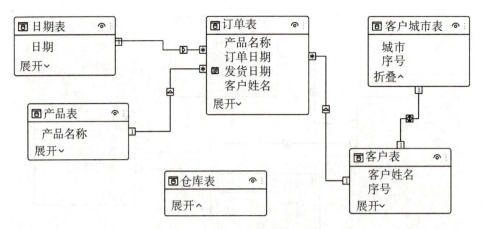

图 6-42　建立完成后的数据模型

步骤 2：销售记录表中 1 月最后一周销售总额首先必须确定 1 月最后七天的日期时间段。时间智能函数 DATESINPERIOD 函数可以实现该功能。

DATESINPERIOD（<日期列>，<开始日期>，<移动间隔>，<粒度>）

其中，参数日期列是指包含日期的列；开始日期为一个日期表达式作为初始日期；移动间隔为正数向后平移，负数向前平移，遵守四舍五入规则；粒度，即年/季度/月/日。函数返回结果是一个含有日期的表。

用户新建一个表，在公式编辑栏输入以下 DAX 公式：

1 月最后七天 = DATESINPERIOD('日期表'[日期]，DATE（2017，1，31），－7，DAY）

计算结果如图 6-43 所示。进一步理解各个参数的含义，以日为单位的粒度从 2017 年 1 月 31 日往前倒推七天。其中，DATE（2017，1，31）为日期函数，用于确定起始日期。

日期 ▼
2017-01-25 0:00:00
2017-01-26 0:00:00
2017-01-27 0:00:00
2017-01-28 0:00:00
2017-01-29 0:00:00
2017-01-30 0:00:00
2017-01-31 0:00:00

图 6-43　计算结果

步骤 3：用户新建一个计算列，在公式编辑栏输入以下 DAX 公式：

销售额 =［销售数量］* RELATED('产品表'［零售价］)

步骤 4：用户新建一个度量值，在公式编辑栏输入以下 DAX 公式：

销售总额 = sum('订单表'［销售额］)

步骤 5：用户新建一个度量值，在公式编辑栏输入以下 DAX 公式：

2017 年 1 月最后一周的销售总额 = CALCULATE（［销售总额］, DA-TESINPERIOD('日期表'［日期］, DATE(2017,1,31), -7, DAY)）

使用标签可视化对象展示的计算结果如图 6-44 所示。上述公式中使用到了日期表，因此用户在输入公式之前必须保证日期表和订单表之间有正确的关联关系。

24.09 千
2017年1月最后一周的销售总额

图 6-44　计算结果

DATESINPERIOD 函数的功能很强大，用途也是比较广泛的，主要用于返回固定的日期值、计算移动平均、计算固定日期内的累计值。读者可以在以后的使用过程中慢慢学习和体会。

6.5.2　DATESBETWEEN 函数

假设根据数据分析的要求，我们需要计算销售记录中元旦放假三天（1 月 1 日至 1 月 3 日）的销售总额（以零售价计）。时间智能函数 DATES-BETWEEN 函数用于返回指定时间段。

DATESBETWEEN（<日期列>, <起始日期>, <截止日期>）

参数日期列是一个有关日期/时间列的引用，参数<起始日期>和<截止日期>为一个日期表达式。该函数的返回值是一个包含单列日期值的表。

当<起始日期>是空白日期值时，用户使用<日期列>中的最早值；当<截止日期>是空白日期值时，用户使用<日期列>中的最晚值，起止日期都被包含在计算结果内。如果<起始日期>大于<截止日期>，返回空表。该计算结果表只计算存在于日期列中的日期。

步骤 1：用户新建一个表，在公式编辑栏输入以下 DAX 公式：

元旦假期销量 = CALCULATE（sum（'订单表'［销售额］）, DATESBETWEEN('日期表'［日期］, DATE(2017,1,1), DATE(2017,1,3)））

步骤 2：用户使用标签可视化对象展示计算结果，专业计算值较小系统默认显示单位为"千"。用户可以在可视化对象的"设置视觉对象格式"中将"显示单位"设置为"无"（如图 6-45 所示）。

图 6-45　设置视觉对象格式

此时计算结果如图 6-46 所示。

10483
元旦假期销量

图 6-46　计算结果

步骤 3：如果只是需要计算销售记录中某一天的销售额，用户可以直接使用以下公式，比如计算 2017 年情人节销售总额：

2017 年情人节销售总额 = CALCULATE（[销售总额],'日期表'[日期] = date（2017,2,14））

计算结果如图 6-47 所示。

90
2017年情人节销售总额

图 6-47　计算结果

6.5.3　日期表

（1）为什么要建立日期表

本章前面各小节中都使用到了日期表，读者会发现如果不使用日期表实际上也可以实现对应功能，那为什么要建立日期表呢？

在数据分析中，特别是在财务数据分析中，处理有关日期的数据分析用到了不同层次的"时间粒度"，比如要按年来分析，时间粒度就是年；要按周来分析，时间粒度就是周。日期表提供了数据分析中有关日期分析的一个标准参照体系。

建立日期表可以简化 DAX 表达式的参数，这样通过建立简单的度量值，就可以轻松聚合所需要的数据完成数据分析。读者可以把使用日期表看成优化数据建模的一部分。

（2）日期表的建立方法

日期表可以直接用 Excel 表，这种日期是在 Excel 中用相关技术直接制作的。

用户也可以在 Power Query 编辑器中新建一个空查询，打开高级编辑器用 M 语言直接建立日期表。

另外，用户如果非常熟悉 DAX 中添加表、列以及日期函数等，也可以完成日期表的制作。

日期表在使用时间智能函数时非常重要，但日期表本身并不是数据分析的重点。最常用的建立日期表的方法是直接使用 Excel 表格。本书使用的就是这个方法。当读者有能力熟练驾驭时间智能函数以后可以考虑按照自己的需求用 Power BI 打造符合自己需要的日期表。

（3）一个好的日期表遵循的原则

一个好的日期表一般遵循以下原则：

第一，起止日期覆盖事实表的所有日期。

第二，日期列包含完整年度。

第三，包含所需要的所有处理"粒度"。

第四，日期是连续的（日期时间不能有间隙）。

第五，同一日期不重复出现。

第六，不包含空值。

第七，和事实表之间建立正确的表间关系。

（4）将日期表"标记为日期表"

用户在右边的"字段"窗口中选定需要标定的日期表，选择"标记为日期表"命令（如图 6-48 所示）。

图 6-48 "标记为日期表"命令

用户在弹出的对话框中的"日期列"选择日期（如图 6-49 所示）。

图 6-49 选择日期

此时系统将自动完成日期验证。如果日期表中的日期不连续或有格式错误，系统将无法通过日期验证。

（4）日期表中的"粒度"

观察本节范例，订单表以订单日期为依据给出了每一笔消费记录信息。也就是说，其数据分析的单位应该是以"天"为粒度的。范例中的日期表的结构如图 6-50 所示。

日期	年度	季度	月份	月度	日	年份季度	年度月份	星期
2017年1月1日	2017	Q1	1	M1	1	2017Q1	201701	7
2017年1月2日	2017	Q1	1	M1	2	2017Q1	201701	1
2017年1月3日	2017	Q1	1	M1	3	2017Q1	201701	2
2017年1月4日	2017	Q1	1	M1	4	2017Q1	201701	3
2017年1月5日	2017	Q1	1	M1	5	2017Q1	201701	4
2017年1月6日	2017	Q1	1	M1	6	2017Q1	201701	5
2017年1月7日	2017	Q1	1	M1	7	2017Q1	201701	6

图 6-50 日期表的结构

用户合理使用日期表和时间智能函数就能完成"年""季度""月""周"对应的数据分析，比如某一年的销售额、某个季度的销售额、某个月份的销售额。

（5）计算最近一周/一个月的移动销售平均数据

步骤1：用户新建一个度量值，在公式编辑栏输入DAX公式如图6-51所示。

```
1   最近7天的移动平均销售额 = DIVIDE(
2       Calculate(sum('订单表'[销售额]), DATESINPERIOD ('日期表'[日期], MAX ('日期表'[日期] ), -7, DAY )),
3       7)
```

图 6-51   在公式编辑栏输入 DAX 公式

MAX 函数是一个日期时间函数，用来取日期表中的最后一个日期。该表达式是一个三层函数嵌套，计算结果如图6-52所示。

9,897.43
最近7天的移动平均销售额

图 6-52   计算结果

步骤2：用户新建一个度量值，在公式编辑栏输入DAX公式如图6-53所示。

```
最近一月的移动平均销售额 = DIVIDE(
    Calculate(sum('订单表'[销售额]), DATESINPERIOD ('日期表'[日期], MAX ('日期表'[日期] ), -1, MONTH )),
    30)
```

图 6-53   在公式编辑栏输入 DAX 公式

注意：DATESINPERIOD 函数第三个参数和第四个参数分别为"-1"和"month"，表明从最后一个日期以"月"为粒度倒退1的单月，也就是30天。其计算结果如图6-54所示。

7.98 千
最近一月的移动平均销售额

图 6-54   计算结果

初学者需要特别注意的是，在该范例的订单表中每一天的销售记录并不止一单。而所谓的"最后一个日期"并不是指订单中的最后一个销售记录的日期，而是指日期表中的最后一个日期。同理，"最近一周"不是指订单日期中的"最近一周"，而是指日期表中的"最近一周"。准确理解时间智能函数中的日期是"相对的"，合理利用日期表，几乎可以确定任意指定日期或日期段。有关时间和时间段的原理类似，本书在此不再赘述。

6.5.4　PREVIOUS 系列函数

PREVIOUS 系列函数有 PREVIOUSDAY/MONTH/QUARTER/YEAR 三个函数，这些函数返回一个表，此表包含的某一列中所有日期/月/季度/年均在当前上下文的日期列中的第一个日期/月/季度/年之前。其中，PREVI-OUSDAY 函数的说明如图 6-55 所示。

PREVIOUSDAY

注释：	返回当前上下文的第一个日期之前的日期
语法：	PREVIOUSDAY(日期列)
参数：	参数是日期列，也可以是返回日期列的表达式
返回：	表，一行一列的表，也可以用作值

图 6-55　PREVIOUSDAY 函数的说明

假设根据数据分析的要求，我们需要完成对比分析 2017 年每天/月销售额数据环比情况，也就是需要分析每天/月销售金额、前一天/月销售金额以及变化情况。

步骤 1：用户新建一个度量值，在公式编辑栏输入以下 DAX 公式：

前一日销售记录 = CALCULATE('订单表'[销售总额],PREVIOUSDAY('日期表'[日期]))

步骤 2：用户在报表视图右侧的可视化窗口中，选择"表"，将"日期"中的"日期"字段、"销售总额"和"前一日销售记录"度量值拖拽到表的"列"属性中。设置表属性如图 6-56 所示。

图 6-56　设置表属性

步骤3：初学者需要注意这里必须使用日期表中的"日期"，不能选择订单表中的"订单日期"。表的显示结果如图6-57所示（与实际情况一致）。

日期	销售总额	前一日销
2017年1月1日	4014	
2017年1月2日	4945	4014
2017年1月3日	1524	4945
2017年1月4日	2450	1524
2017年1月5日	8070	2450
2017年1月6日	744	8070
2017年1月7日	37200	744
2017年1月8日	56525	37200
2017年1月9日	41890	56525

图 6-57　表的显示结果

步骤4：用户按照环比定义规则，新建一个度量值，在公式编辑栏输入以下DAX公式：

日环比 = DIVIDE('订单表'[销售总额]-'订单表'[前一日销售记录],'订单表'[前一日销售记录])

步骤5：用户设置"日环比"数据格式为百分比格式，保留小数点后两位。

步骤6：用户将"日环比"拖拽到表的"列"属性中。计算结果如图6-58所示。

日期	销售总额	前一日销售记录	日环比
2017年1月1日	4014		
2017年1月2日	4945	4014	23.19%
2017年1月3日	1524	4945	-69.18%
2017年1月4日	2450	1524	60.76%
2017年1月5日	8070	2450	229.39%
2017年1月6日	744	8070	-90.78%
2017年1月7日	37200	744	4900.00%
2017年1月8日	56525	37200	51.95%
2017年1月9日	41890	56525	-25.89%
2017年1月10日	3678	41890	-91.22%

图 6-58　计算结果

在范例数据中，由于这个公司销售的商品的价格数量值上差异很大，因此按日比较每天的总销售数据并没有什么实际意义。在现实财务数据分析中，受很多行业性质和销售性质的影响，分析日环比数据也没有什么实际意义，但分析月环比数据或年同比数据非常重要。

步骤 7：用户新建一个度量值，在公式编辑栏输入以下 DAX 公式：

前一月销售记录 = CALCULATE（'订单表'［销售总额］, PREVIOUSMONTH（'日期表'［日期］））

注意：该公式使用的是 PREVIOUSMONTH 函数。

步骤 8：用户新建一个度量值，在公式编辑栏输入以下 DAX 公式：

月环比 = DIVIDE（［销售总额］-［前一月销售记录］,［前一月销售记录］）

用户设置"月环比"数据格式为百分比格式，保留小数点后两位。

步骤 9：同样，用户仍然在报表视图右侧的可视化窗口中选择表用于计算结果展示。用户将"销售总额""前一月销售记录"以及"月环比"三个前面建立的度量值拖入表格的"列"属性中。设置表属性如图 6-59 所示。需要特别注意的是，这里是将日期表中的"年度月份"字段拖入表格的"列"属性中，因为在日期表中的"年度月份"提供按"月"粒度对日期进行划分，使得时间智能函数能够正常执行。

图 6-59　设置表属性

计算结果如图 6-60 所示。

年度月份	销售总额	前一月销售记录	月环比
201701	322051		
201702	239316	322051	-25.69%
总计	561367		

图 6-60　计算结果

这个数据是有意义的，可以看出，2 月的销售比 1 月差。

时间智能函数在同比、环比分析方面的实现方式不止这一种，初学者可以通过观摩典型范例、尝试模仿的方法逐渐掌握更多的函数和分析方法。

Power BI 公式和函数的使用非常灵活，往往同一个问题有多种实现方式。目前，Power BI 提供的时间智能函数有 30 多个。初学者如果对某个函数不是特别熟悉，可以通过模拟简单的数据，根据返还值去推测可能的计算逻辑、各个参数的含义以及上下文是如何产生作用的。这是掌握 DAX 最有效的方式。

6.6　本章练习

判断题

（1）Power BI 中，关系就是两个数据表之间建立在每个表中的某行基础上的联系。（　　）

（2）事实表的数据量通常较大，而维度表的主要特点是包含类别属性信息，因此数据量通常较小。（　　）

（3）DIVIDE 函数和运算符"/"（除号）的功能是一样的。（　　）

（4）度量值是 Power BI 数据建模的关键因素。（　　）

（5）度量值是用 DAX 公式创建的一个真实字段的值。（　　）

（6）时间智能函数和时间函数是同一种函数，只是叫法不同。（　　）

（7）Power BI 中的关系模型布局主要是通过视图中的外观形式来区分的。（　　）

（8）Power BI 中的表间关系通常可以分为"一对一""一对多""三对三"三种。（　　）

（9）Power BI 良好的表间关系将直接关系到数据建模的整体质量。（　　）

（10）RANKX 函数是一个时间智能函数。（　　）

实训题

尝试对信息技术产品销售表完成以下数据分析：

（1）仔细分析几个表的结构，建立合理的表间关系。

（2）统计出从星期一到星期日的销售额。

（3）求出本周哪一天销售额最多，并用合理的可视化对象展示。

（4）求出本周 X 系列笔记本电脑的总销售数和销售金额，并用合理的可视化对象展示。

（5）用合理的可视化对象展示这个星期每天的销售额情况。

（6）用合理的可视化对象显示每个类别每天的销售数量和销售金额的变化情况。

（7）分析本周哪一个产品的销售数量最多。

（8）分析畅想系列产品中，哪一个产品的是最受欢迎的（销售数量最多）。

（9）计算本周每天环比的销售额变化情况。

7　Power BI 数据可视化

数据清洗、数据建模的结果将会以图的方式来展示。可视化的方式让数据更易于理解，早已成为人们阅读数据、观察数据以及找出数据规律的最直接和最有效的方式。本章首先让读者对数据可视化有一个大致的了解，其次以实例方式详细讲解财务数据分析环境中的 Power BI 常用可视化对象的使用方法和技巧，涉及柱形图、条形图、折线图、面积图、丝带图、瀑布图、漏斗图、散点图等。这些已经基本可以满足日常工作需要。本章还对可视化对象中"最神奇"的切片器进行了分析和说明。最后，本章介绍和说明了在很多"炫酷"报表中经常出现的马表图、文字云、桑基图以及雷达图四个自定义可视化对象。

7.1　数据可视化概述

7.1.1　数据可视化的概念

人类从外界获取信息 83% 来自视觉，11% 来自听觉，6% 来自其他。视觉是获得信息最重要的渠道。超过 50% 的人脑功能用于视觉的感知，包括解码可视信息、高层次可视信息处理和思考可视化符号。

可视化是一种映射，是指把客观世界的信息映射为易于被人类感知的视觉模式。这里的视觉模式指的是能够被感知的图形、符号、颜色、纹理、动画以及动画交互等。例如，人脑对文字的感知就是一种非常重要的视觉信息来源。

数据可视化是关于数据视觉表现形式的科学技术研究。这种数据的视觉表现形式被定义为一种以某种概要形式抽提出来的信息，包括相应信息单位的各种属性和变量。

数据可视化是一个处于不断演变之中的概念，其边界在不断扩大。数据可视化主要指的是技术水平上较为高级的技术方法，而这些技术方法允许利用图形、图像处理、计算机视觉以及用户界面，通过表达、建模以及对立体、表面、属性以及动画的显示，对数据加以可视化解释。与立体建模之类的特殊技术方法相比，数据可视化所涵盖的技术方法范围要广泛得多。

数据可视化技术应该包含以下几个基本概念：

数据空间：可以看成由多个数据集构成的多维信息空间。

数据开发：利用一定的算法和工具对数据进行定量的推演和计算。

数据分析：对数据空间中的数据采用多种方法进行分析、加工、挖掘，提取有用信息。

数据可视化：将数据或分析结果以各种可视化对象的形式进行静态或动态展示。

从计算机科学技术领域而言，数据可视化包含可视化算法与技术方法、立体可视化、信息可视化、多分辨率方法、建模技术方法、交互技术方法与体系架构等多个技术方向。

从应用领域角度来看，数据可视化主要涉及思维导图、新闻的显示、数据的显示、连接的显示、网站的显示、文章与资源、工具与服务等。这些应用领域几乎包含了我们日常生活的方方面面。因此，数据可视化具有非常广阔的应用空间。

Power BI 作为一个成熟的商业智能数据分析工具，可以被看成一个基于数据可视化技术的商业应用软件。

在 Power BI 中，数据清洗、数据建模的结果将会以可视化对象来展示，使数据更易于理解、更为灵动、与用户交互性更强。可以这样讲，数据可视化是不可替代的趋势。Power BI 中的数据可视化技术还在进一步发展，是 Power BI 最为强大、最有魅力的功能所在。

7.1.2　格式塔原理

心理学中的格式塔原理试图解释人类视觉的工作原理。人类的视觉是整体的，即人们的视觉系统自动对视觉输入构建结构，并在神经系统层面上感知形状、图形和物体，而不是只看到互不相连的边、线和区域。"Gestal" 在的德语中有形状、图形的意思，因此这些理论被称作视觉感知的格式塔原理。其主要内容如下：

接近原则：距离相近的物体，趋于组成整体。

相似原则：在某一方面（形状、运动、方向、颜色等）相似的各部分，趋于组成整体，强调内容。

封闭性原则：彼此相属、构成封闭实体的各部分趋于组成整体。

视觉倾向于感知连续的形式，以便把元素连接在一起而不是离散的碎片。

格式塔原理在构图中得到了比较广泛的应用，常见的有：

（1）删除

删除就是从构图形象中排除不重要的部分，只保留那些绝对必要的组成部分，从而达到视觉简化的目的。任何有效的、吸引人的视觉表达，并不需要太多复杂的形象。许多经典的设计作品在视觉表现上都是很简洁的。

（2）贴近

以贴近而进行视觉归类的各种方法都是直截了当的，并且易于施行。例如，印刷版面设计为了区分不同的内容，也经常采用近缘关系的方法来进行视觉归类。举个最简单的例子，印刷版面设计在处理不同内容的图片和与之相关的说明文字时，只要将每一幅图片相应的文字段落与之贴近，在不同的图文组合之间保持一定间距，无需指引符号，读者也不会搞错各个图片和文字段落之间的关系。报纸杂志的版面编排，字母与字母、词与词、行与行之间，也都运用了近缘关系，使版面整体分为若干贴近的板块，成为若干个相关的视觉组合。

（3）结合

在构图中，结合就是指单独的视觉单元完全联合在一起，无法分开。这可以使原来并不相干的视觉形象自然而然地关联起来，比如常用的一种设计手法——异形同构，即把两种或几种不同的视觉形象结合在一起，在视觉表达上自然而然地从一个视觉语义延伸到另一个视觉语义。

（4）接触

接触是指单独的视觉单元无限贴近，以至于它们彼此粘连。这样在视觉上就形成了一个较大的、统一的整体。接触的形体有可能丧失原先单独的个性，就像在图案设计中相互接触的不同形状的单元形体在视觉感受上是如此相近、完全融为一体的。

（5）重合

重合是结合的一种特殊形式。如果所有的视觉单元在色调或纹理等方面都是不同的，那么区分已被连接的原来各个视觉单元就较容易；相反，如果所有的视觉单元在色调或纹理等方面都是一样的，那么原来各个视觉单元的轮廓线就会消失，从而形成一个单一的重合的形状。重合能创造出一种统一感和秩序性。重合各个不同视觉形象的时候，如果我们看到这些视觉形象的总体外形具有一个共同的、统一的轮廓，那么这样的重合就成功了。

（6）格调与纹理

格调与纹理是由大量重复的单元构成的。两者的主要区别在于视觉单元的大小或规模。除此之外，它们基本上是一样的。格调是视觉上扩大了的纹理，而纹理则是在视觉上缩减了的格调。因此，在不需要明确区别的情况下，我们可以同时解释格调和纹理。感知格调或纹理的视觉格式塔，总是基于视觉单元的大小和数量的多少。但在一定的场合，别的因素也可能起作用。例如，一个格式塔中视觉单元的总量就可以影响它的外观。当数量很大，以至于不能明显地看出单独视觉单元时，这种现象就可能发生。比如透过窗户看到的不远处的树林是足够大的，可以构成一种格调；但是，如果在飞机上俯瞰一整片树林，恐怕就只能将其作为一种纹理来看了。

格调和纹理实际上没有严格的区分界限，当视觉单元大小及数量变到一定的量值范围，这种特性可以使格调显得像是一种纹理，也可以使纹理呈现为一种格调。或者，创造出一种格调之内的纹理，以至格调和纹理同时并存。

（7）闭合

有一种常见的视觉归类方法基于人类的一种心理，即把局部形象当作一个整体的形象来感知。这种知觉上的特殊现象，称之为闭合。

毫不夸张地说，数据可视化既是一门科学，又是一门艺术。

7.2 Power BI 可视化对象概述

Power BI 拥有 20 多个内置的可视化图形和自定义可视化图形库，并且每年仍在不停扩充和发展。截至 2022 年 12 月底，Power BI 官方网站的自定义可视化图形库已经提供 458 个视觉对象。部分视觉对象如图 7-1 所示。Power BI Desktop 中的 Appsource 也直接提供可视化图形下载服务。

图 7-1 部分视觉对象

数据通常包含四种关系：比较、占比、趋势或关联、分布。因此，各种常见的图表也是以这四种不同的表现重点来进行分类的。

比较：柱形图、对比柱形图、分组柱形图、堆积柱形图、分区折线图、雷达图、词云图、聚合气泡图、玫瑰图。

占比：饼图、矩形块图、百分比堆积柱形图、多层饼图、仪表图。

趋势：折线图、范围面积图、面积图、散点图、瀑布图。

分布：散点图、地图、热力区域图、漏斗图。

当然，同样是用于完成数据比较的图形，柱形图、对比柱形图、分组柱形图、堆积柱形图、分区折线图等的侧重点和使用范围各不相同。例如，柱形图和条形图都适合一维和二维的数据比较，但柱形图适合数据不多的情况，而条形图适合数据比较多的情况。

我们在进行数据可视化时，选择什么样的图表可以达到最佳效果，主要需要考虑以下三个方面的内容：

第一，数据想侧重表达什么，比如值、比例或趋势。

第二，哪一类图形的特性是什么。

第三，在某一大类图形中，哪一个更适合。例如，饼图和环形图都经常用于展示某一维度下不同数值的占比情况。但饼图一般只能显示一个样本或总体各部分所占比例，环形图则可以同时绘制多个样本或总体的数据系列，其图形中间有个"空洞"，每个样本或总体的数据系列为一个环。

数据清洗和数据分析是"内在活"，数据可视化是"表面活"，选错图表往往只会"事倍功半"，而不是"一图胜千言"。

最容易出错的地方不是在对数据的处理上，而是在对图表的选择上。初学者应该首先将重点放在内置可视化对象上，原因有二：第一，内置可视化对象基本可以完成常见数据的展示；第二，通过对内置可视化对象格式、属性的深入研究，用户可以快速掌握学习使用其他可视化对象的通用技能。

7.3 表头项目展示

作为数据分析成果的最终呈现，体现不同的可视化内容和风格，通常会在可视化界面加上公司标志（LOGO）、特色图标等。这主要会用到插入图像、文本框、线条等功能。另外，从整体布局的角度上讲，这有点儿类似于报纸排版和板报布局，适当插入竖线、横线等，可以将不同的可视化元素或展示内容进行分割，能够使可视化界面更加清晰明确。

本节将插入儿童用品商店的 LOGO 图像和文字（文件位置：案例数据\ 第七章\ 表头项目展示文件夹内）。另外我们还要在 LOGO 下插入一条横线，将表头和展示内容分隔开来。

步骤 1：用户单击窗口左侧的"报表"按钮进入"报表"视图，执行"插入"→"元素"→"图像"命令，选择要插入的图像，即可插入儿童用品商店的 LOGO，并设置适当的大小。插入图像如图 7-2 所示。

图 7-2　插入图像

步骤 2：用户在同样的位置可以插入文本框。用户插入一个文本框并输入"朝阳儿童用品公司"，采用类似 PowerPoint 中文本框的设置方式可以设置文本框对齐方式、字体、字形、字号等。插入文本如图 7-3 所示。

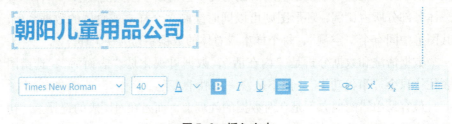

图 7-3　插入文本

步骤 3：用户选择"形状"按钮，即可插入一条直线（如图 7-4 所示）。用户可以发现允许插入的图形要比 PowerPoint 少很多。这主要是因为 Power BI 中插入的各种形状主要用于板块分割和布局而并不用于表达内容。

图 7-4　插入直线

步骤 4：用户选中该直线，在右侧的"格式"窗口中，可以完成该直线的形状、旋转以及样式设置。设置直线属性如图 7-5 所示。

图7-5 设置直线属性

步骤5：用户将添加的各个元素调整到合适的位置和大小，最终得到的结果如图7-6所示。

图7-6 最终得到的结果

7.4 常用可视化对象

7.4.1 柱形图和条形图

（1）柱形图和条形图概述

在 Power BI 默认的可视化组件中，第一排全是柱形图和条形图，分别是堆积条形图、堆积柱形图、簇状条形图、簇状柱形图、百分比堆积条形图、百分比堆积柱形图（见图7-7）。

图7-7 柱形图和条形图对应图标

通常柱形图和条形图都适用于展示一维和二维的数据比较，但柱形图适合数据量不多的情况，而条形图适合数据量比较多的情况。Power BI 将柱形图和条形图安排在第一排并不是偶然的，而是因为这些图表在实际应用时是使用频率最高的。可以说，没有哪一个数据分析报告能不使用柱形图和条形图。

各种柱形图和条形图的特点非常类似，下面详细说明各种柱形图的使用方法和特点，条形图在此不再赘述。

（2）柱形图使用方法

假设有一销售公司全年销售数据如表 7-1 所示（文件位置：案例数据 \ 第七章 \ 柱形图使用案例.xls 中的"全年销售数据"表单），我们以全年销售数据表单制作柱形图的步骤如下：

表 7-1　全年销售数据

月份	销售额的总和/元
1	2 676 926
2	2 168 494
3	2 508 437
4	2 376 401
5	2 906 803
6	2 812 704
7	2 804 203
8	2 847 847
9	3 044 879
10	2 997 067
11	3 013 400
12	3 118 148

步骤 1：用户用鼠标单击画布的空白处，单击可视化面板上的"堆积柱形图"。此时画布上将显示出一个柱形图的轮廓。

步骤 2：用户将"月份"字段拖入字段框中的 X 轴上，将"销售额的总和"拖入字段框中的 Y 轴上。相关设置和显示效果如图 7-8 所示。这样一个柱形图就显示出来了。

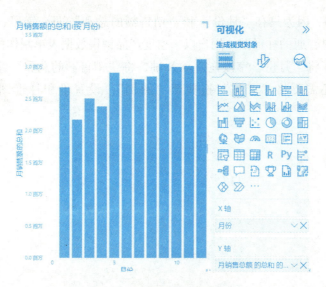

图 7-8 相关设置和显示效果

步骤 3：此时用户会发现由于"柱子"过多，总是给人一种非常压迫的感觉。这是因为柱形图本身不适合显示数据量较多的情形。用户以一季度销售数据表单制作柱形图，展示效果如图 7-9 所示，可以明显看到图形要清爽得多。柱形图是以长方形长度为变量的统计报告图，由一系列高度不等的纵向条纹表示数据分布的情况，用来比较两者或两者以上的价值，通常用于较小的数据集分析。

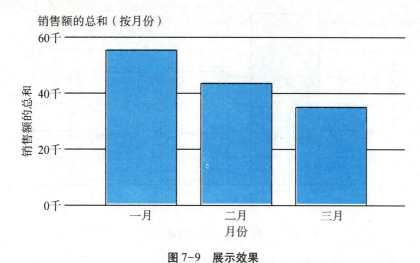

图 7-9 展示效果

通过这个例子我们可以发现柱形图具有以下特点：

第一，柱形图只针对一个维度进行比较，用于显示一段时间内的数据变化或显示各项之间的比较情况。

第二，根据柱子的高度，柱形图可以明显反映数据的差异。

步骤4：因为只有"月份"和"销售额的总和"两个字段，所以堆积柱形图就是普通的柱形图。用户以一季度产品销售数据表单制作柱形图，注意此时除了将"月份"字段拖拽至X轴，将"销售额的总和"字段拖拽至Y轴外，还需要将"产品"拖拽至"图例"。设置堆积柱形图属性如图7-10所示。

图7-10　设置堆积柱形图属性

此时展示的就是堆积柱形图了，显示效果如图7-11所示。

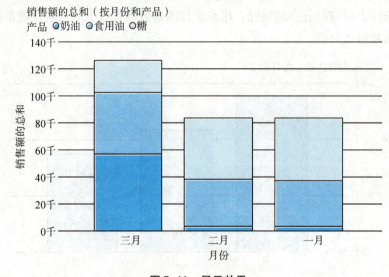

图7-11　显示效果

一般来讲，堆积柱形图具有以下特征：

第一，不同序列在一根柱子上显示，比如图7-11中直接将三种产品在一根柱子上显示。

第二，可以通过柱子的高矮直接比较整体柱子（总销售额）以及各个产品金额的大小（一根柱子上三个产品表示的矩形高矮）。

步骤 5：用户选中该柱形图，在可视化窗口中单击"簇状柱形图"，就能够很方便地将堆积柱形图转换为簇状柱形图。簇状柱形图展示效果如图7-12 所示。

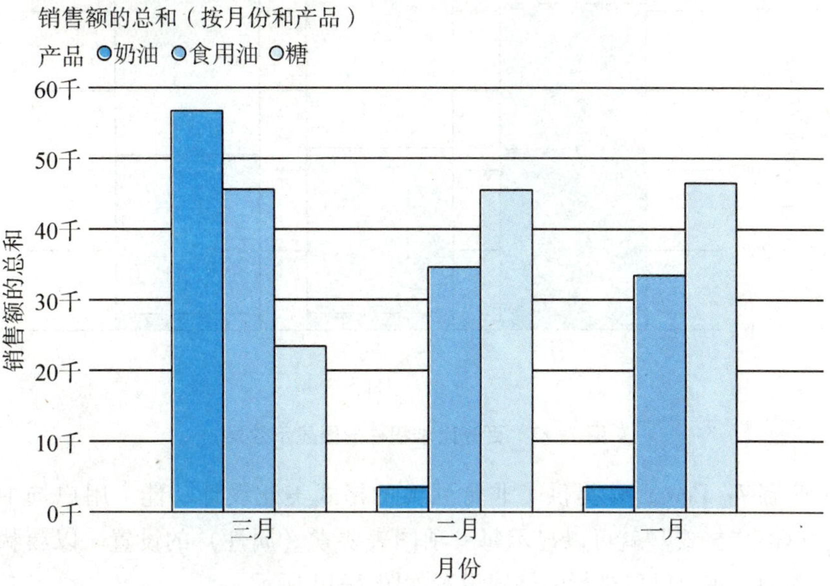

销售额的总和（按月份和产品）

产品 ●奶油 ●食用油 ○糖

图 7-12　簇状柱形图展示效果

对比堆积柱形图，簇状柱形图的以下特征非常明显：

第一，不同序列使用不同的柱子。

第二，同一个月份的三种产品的柱子被排列在一起，用户可以非常直观地比较各序列数字大小。

因此，在现实生活中，簇状柱形图的使用比堆积柱形图的使用更为频繁。

步骤 6：用户选中该图还可以直接切换为百分比堆积柱形图。百分比堆积柱形图显示效果如图7-13 所示。

百分比堆积柱形图的每根柱子都一样高，这是因为 Y 轴不再表示总金额大小，而是变成了百分比。三种不同的产品序列在一根柱子上显示，三种产品的柱子高矮直接表示了其在每个月的占比高低情况，因此更注重显示百分比情况，而不是三种产品序列值（销售额）的情况。

此时用户会发现，在 Power BI 中只要选中任意一个图表，就可以在可视化窗口中自由切换成其他图表类型。这种设计可以使用户非常方便地选择自己想要的图表。很显然，由于每个图表所表示的内容和所需要的数据元素是不相同的，因此只有在同类的不同表之间切换才能达到正确的显示效果，否则会报错。

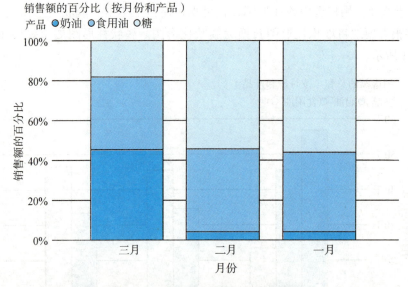

图7-13　百分比堆积柱形图显示效果

步骤7：Power BI 提供了非常强大的格式美化设计功能。用户选中图表，单击"格式"就可以显示每一项图表要素（属性）的设置。以簇状柱形图为例，用户可以进行的格式设置如图7-14所示。

图7-14　格式设置

常用的格式设置如下：

第一，调整坐标轴字体、字形、字号、颜色等。

第二，设置标题文本、样式、字体、字形、字号、颜色等。标题文本在一般情况下是自动设置的，很多时候就是度量值或字段的名称。虽然用户对此可以根据需要自行设置，但初学者一般应养成在进行度量值或字段命名时，遵从简约、不重复的良好习惯。

第三，调整数据颜色。

第四，设置数据标签及相关属性，图例会将数据大小表示出来。

第五，设置绘图区背景等。

步骤 8：用户在可视化窗口中还可以向视觉对象添加进一步分析。操作界面如图 7-15 所示。

图 7-15　操作界面

以簇状柱形图为例，常用的分析设置有添加各种辅助线，如最大值线、最小值线、平均值线等。

用户将前面的簇状柱形图进行少量有关标题设置、数据标签设置以及添加平均值线之后所得的最终效果如图 7-16 所示。该图形效果要比系统默认效果好看一些了。

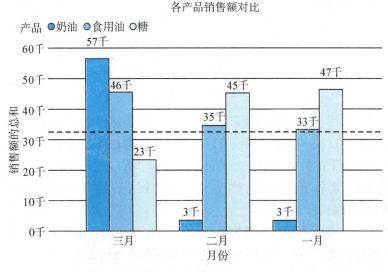

图 7-16　最终效果

（3）Power BI 可视化对象使用的一般步骤

在完成数据清洗和数据分析的基础上，Power BI 生成图的一般步骤简述如下：

第一，选择数据展示合适的可视化对象（这一步是最难的也是最重要的）。

第二，根据对象特征设置对象要素，实现基本效果展示。此时用户需要重点关注是否获得想要的效果，如果未获得需要更换可视化对象。

第三，按需完成格式化格式及分析设置，美化展示效果。

本章后续内容将重点介绍每个可视化对象的要点、要素特征以及一些常用使用技巧，不再对实现步骤进行特别详细的说明。

Power BI 可以提供几百个可视化对象，由于每个可视化对象的要素各不相同，有关设置视觉对象格式的操作以及分析设置非常多，甚至到了令人眼花缭乱的地步。为此，Power BI 专门提供搜索功能，可以使用户快速找到对应的设置功能。

对于初学者来讲，要想快速掌握所有的可视化对象的相关格式和设置几乎是不可能的，实际上这也不是数据分析的重点。因此，用户首先应该关注每类图形的数据展示特点，学会判断不同的数据展示需要使用什么样的图表，然后注意在这一类图形中各种图表之间的细微区别。至于更为详细的格式和分析设置，用户在今后的学习和工作中按需查找和使用即可。

7.4.2 折线图

Power BI 中可视化对象的第二列为折线图系列。折线图系列依次为折线图、分区面积图、堆积面积图、折线和堆积柱形图、折线和簇状柱形图、丝带图（见图 7-17）。

图 7-17 折线图

折线图常用于显示随时间变化的数值，可以连接各个单独的数据点，更加简单清晰地反映事物随时间或有序类别而变化的趋势，因此非常适合显示相同时间间隔下的数据趋势，尤其是趋势比单个数据点更为重要的场景，比如股票走势、随季节变化的消费趋势等。折线图是在数据分析报告中使用频率最高的一种图表。

本书以一销售公司半年销售数据为例（文件位置：案例数据 \ 第七章 \ 折线图使用案例.xls）说明 Power BI 中折线图的使用方法。

步骤 1：用户使用折线图展示相关数据。设置折线图属性及展示效果如

图 7-18 所示（注意：用户将数据文件导入后需要将"月份"在 Power Query 中改为文本类型）。

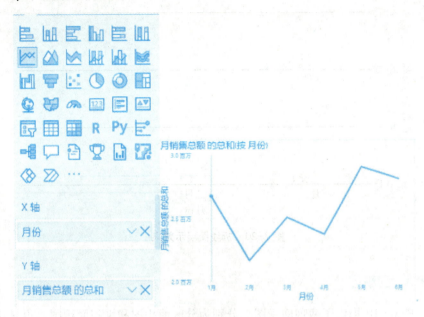

图 7-18　设置折线图属性及展示效果

步骤 2：用户点击"分析"按钮，设置中位线。

步骤 3：用户点击"误差"下拉箭头，进一步设置有关误差的各个属性。误差线设置如图 7-19 所示。该功能可以显示趋势在一定误差范围内的变化。

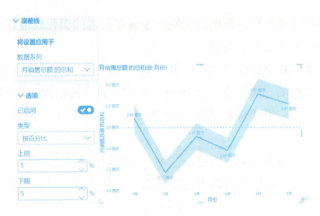

图 7-19　误差线设置

步骤 4：用户使用前面用过的一季度产品销售表单，设置折线图中的"图例"为"产品"，则可以实现不同产品在同一个折线图中显示出来。折线图展示效果如图 7-20 所示。

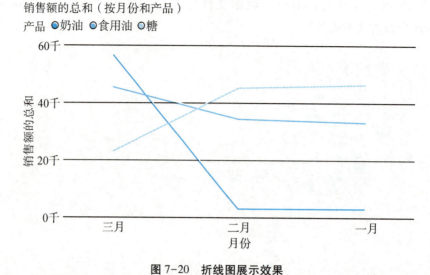

图 7-20　折线图展示效果

7.4.3　面积图

Power BI 提供了两种面积图，分别为分区面积图和堆积面积图，也是用来体现事物随时间或其他有序类别而变化的趋势。

分区面积图是在折线图的基础上进化而来的，主要用于反映各类别数据的变化趋势及占比情况。由于折线和横轴、纵轴左边之间的区域用颜色或阴影填充，也就是面积填充，因此分区面积图比折线图更能体现趋势变化，显示效果更突出。

分区面积图和堆积面积图的区别在于通常前者的面积线最好不要超过三条，后者被用来比较多个类别。

以一季度产品销售表单为例，用户除了需要将"月份"字段拖拽至 X 轴，将"销售额的总和"拖至 Y 轴外，还需要将产品拖拽至"图例"。

分区面积图和堆积面积图展示效果如图 7-21 所示。两者主要有以下不同：

分区面积图的纵轴表示的是每一种产品的销售额，因此每一种产品的面积图有交叉。每一种色彩的面积直接反映了每种产品的销售额和随月份的变化趋势。

在堆积面积图中，各种色彩不会重叠、不会遮盖。每种颜色反映的是不同序列的数据。堆积面积图的纵轴数据对应的并不是每一种产品的销售额，而是每月总体销售额。每种产品的销售额并不能直接反映，但通过每种颜色的对应高度可以看出其在每月总体销售额中的占比情况。因此，每一种色彩的面积和边界反映了每种产品的销售额及变化趋势。

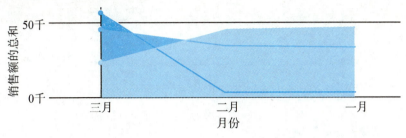

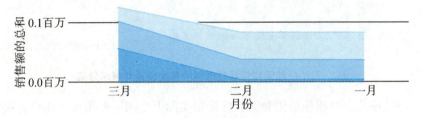

图 7-21　分区面积图和堆积面积图展示效果

7.4.4　折线和堆积柱形图、折线和簇状柱形图

折线和堆积柱形图、折线和簇状柱形图可以看成折线图和堆积柱形图或簇状柱形图的结合。其优势很明显，就是在让用户看到某个序列折线趋势变化的同时能够通过堆积柱形图直观地感受到另一个序列数值大小，或者通过簇状柱形图看到比例大小。显然这两个展示序列应该是密切相关的。

本书以一销售公司半年销售任务完成情况为例［文件位置：案例数据＼第七章＼折线图和柱形图（簇状图）案例.xls］，用折线图来反映销售完成率的变化，用簇状柱形图表示任务和实际销售额的数值大小。

折线图和簇状柱形图的属性设置与展示效果如图 7-22 所示。此时有两个"Y 轴"：一个是"列 Y 轴"用来显示簇状柱形图的 Y 轴，在这里用来显示预计销售额和实际销售额；另一个被称为"行 Y 轴"，在这里用来显示完成率。

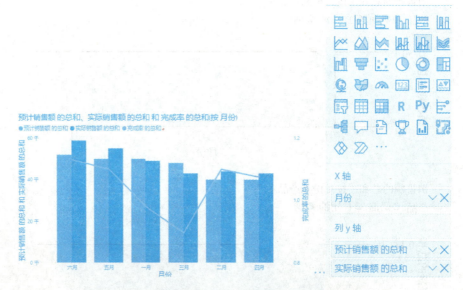

图 7-22 折线图和簇状柱形图的属性设置与展示效果

前已述及，堆积柱形图和簇状柱形图实际上是同一种图形。用户直接选中上述图表，点击"折线和簇状柱形图"，无需再进行其他属性设置。展示效果如图 7-23 所示。

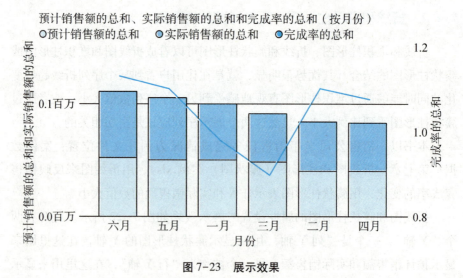

图 7-23 展示效果

7.4.5 丝带图

Power BI 中可视化对象的第二列的最后一个图表为丝带图图标。顾名思义，丝带图的显示结果就像飘扬的丝带一样。因此，丝带图可以让用户快速发现哪一列数据具有最大值或最高排名，通常能够高效显示排名变化。

本书以前文用过的一季度产品销售数据表单为例，将"月份"拖拽至X轴，将"销售额的总和"拖拽至Y轴，将"产品"拖拽至图例。丝带图属性设置和生成展示效果如图7-24所示。

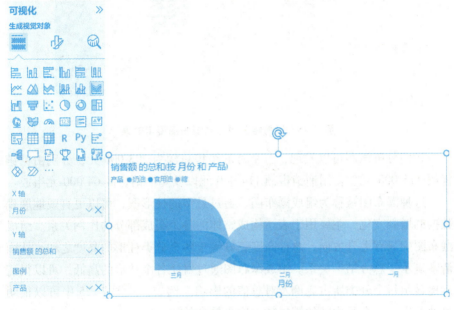

图7-24　丝带图属性设置和生成展示效果

我们从图7-24可以看出，3月份的销售额最高，2月份和1月份的销售额基本持平。其中，奶油在3月份的销量不错，但是在1月份和2月份的销量很少。糖则相反，在2月份和1月份的销量不错，在3月份的销量下降明显。食用油在三个月份中有变化，但变化不大。

7.4.6　瀑布图

瀑布图和折线图、面积图一样，也常用来表示趋势。瀑布图通过显示加上值或减去值时的累计汇总，通常用于分析一系列正值和负值对初始值的影响。由于瀑布图通过柱形的上升或下降来表示数据的正负，根据若干柱形的变化序列来展示最终数据的生成过程，因此瀑布图也叫阶梯图，在企业经营分析和财务分析中经常使用。

本书以前文用过的一季度产品销售数据表单为例，在画布上添加一个新的瀑布图。设置相关属性和瀑布图展示效果如图7-25所示。

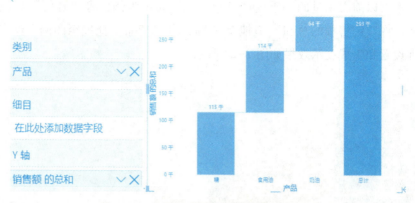

图 7-25　设置相关属性和瀑布图展示效果

我们分析该图可以发现，三个月的销售总额为 293 000 元，分别由糖销售额 115 000 元、食用油销售额 114 000 元以及奶油销售额 64 000 元组成。

这种瀑布图被称为组成瀑布图，通过悬空的柱形图，可以更直观地展现数据的增减变化，主要用于表达构成整体的各个组成部分的比例关系。组成瀑布图中只有上升方向，总计高度正好等于各个分类柱形的高度之和，从而清晰显示了总分结构关系。组成瀑布图通过对比各个柱形的高低，可以很清楚地显示每个分类所占比例及对总值的影响。例如，从图 7-25 中可以很明显地看出，三个月中糖的销售额占比是最高的。

本书以一个人的工资组成为例（文件位置：案例数据 \ 第七章 \ 瀑布图案例.xlsx），在画布上添加一个新的瀑布图，将"类别"字段添加至瀑布图的"类别"属性，将"金额"字段添加至 Y 轴。瀑布图展示效果如图 7-26 所示。

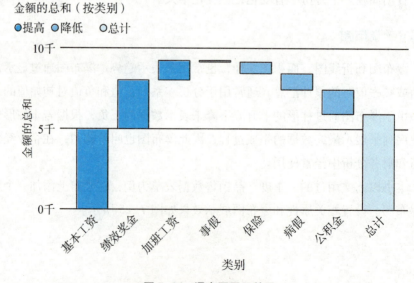

图 7-26　瀑布图展示效果

这种瀑布图被称为变化瀑布图。它用不同颜色的柱子来反映数据的上升和下降。在默认情况下，上升用绿色表示，下降用红色表示。变化瀑布图可以清晰地显示过程数据的变化细节。例如，图 7-26 中的基本工资、绩效奖金、加班工资为增项，推动数据上升，保险、事假、病假以及公积金为减项，导致数据下降，显然总计为实发工资。

财务数据分析的很多情况都会使用瀑布图。例如，瀑布图表示利润，可以很直观地呈现出影响利润的正向因素和影响利润的反向因素有哪些，各自的影响有多大。又如，瀑布图可以呈现出每个月的收入和支出以及账户中不断变化的余额。

7.4.7　漏斗图

漏斗图又称倒三角图，通常适用于有顺序、多阶段的流程分析。漏斗图从上到下每个部分在逻辑上都有业务顺序关系，用户可以通过各流程的数据变化及初始阶段和最终目的两端的漏斗的差距快速发现问题所在。

本书以分析某产品在某电商平台上从推广到购买转换的业务流程中各个步骤的流失率为例（文件位置：案例数据 \ 第七章 \ 漏斗图案例.xlsx），其主要控制流程分别为平台浏览、关注促销广告、浏览商品、添加购物车、下单付款以及交易成功共六步，每一个阶段都会有一定程度的客户流失，直至交易成功。

用户在画布上添加一个新的漏斗图，将"转换流程"拖拽到"类别"属性，将"人数"拖拽到"值"属性。漏斗图相关属性设置和展示效果如图 7-27 所示。

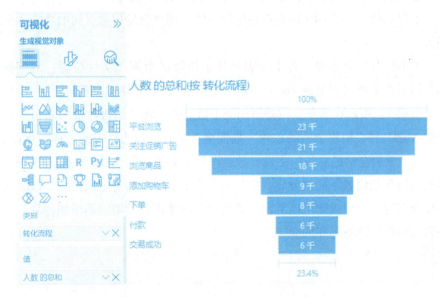

图 7-27　漏斗图相关属性设置和展示效果

我们仔细分析会发现，漏斗图的每个矩形代表电商客户转换为最终消费者的各个阶段，矩形的长短表示了各个阶段的百分比变化大小。从"平台浏览"到"交易成功"的用户成功转换率为23.4%。很明显在各个阶段中，从"浏览商品"到"添加购物车"环节的流失率异常，为今后的业务改进方向提供了决策依据。

7.4.8　散点图

散点图以前经常出现在回归分析中，指的是数据点在直角坐标系平面上的分布图。散点图表示因变量随自变量的变化而变化的大致趋势，用户据此可以选择合适的函数对数据点进行拟合。散点图用两组数据构成多个坐标点，考察坐标点的分布，判断两个变量之间是否存在某种关联关系或总结坐标点的分布模式。散点图将序列显示为一组点。值由点在图表中的位置表示。类别由图表中的不同标记表示。散点图通常用于比较跨类别的聚合数据。

随着商业数据分析软件逐渐成熟和广泛应用，散点图为人们观察分析貌似杂乱无章的一堆零散数据提供了一个新的角度，散点图的使用频率越来越高。

散点图可以显示数据集群的形状，反映数据的分布。用户通过观察散点的分布，可以推断变量的相关性，从这些庞杂的数据中发现一些表面上看不到的关系，从而使一堆看似凌乱的数据变得通俗易懂。

散点图要在有比较多的数据时，才能更好地体现数据分布。

不仅如此，Power BI 还提供动态散点图，用户会发现散点图的功能十分强大。

本书以分析某连锁店各个分店每月销售数据为例（文件位置：案例数据\第七章\散点图案例.xlsx），说明散点图的特点和使用步骤。

步骤1：用户在画布空白处添加一个散点图，将"销售数量的总和"拖拽至 X 轴，将"销售金额的总和"拖拽至 Y 轴，图例为"店铺名称"字段，大小为"销售金额的总和"字段。散点图展示效果如图7-28所示。图7-28用气泡的颜色代表不同的分店，用气泡大小来表示了销售金额多少。该散点图是静态的。用户大致可以看出，销售金额随销售数量增加而增加，每一个门店的销售金额不尽相同。

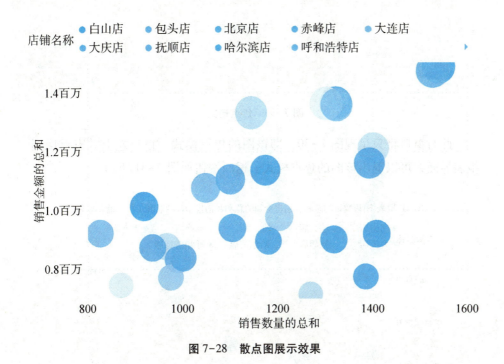

图 7-28　散点图展示效果

步骤 2：用户在步骤 1 基础上添加"月"字段到播放轴。增加月播放轴展示效果如图 7-29 所示。对比图 7-28 可以发现图 7-29 更加美观，并且出现了一个以"月度"为单位的播放轴。

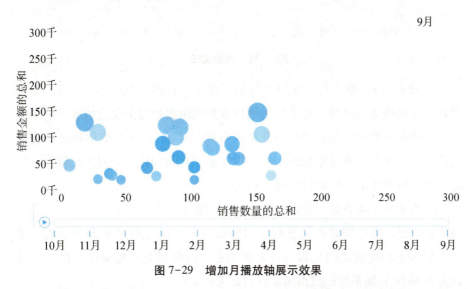

图 7-29　增加月播放轴展示效果

步骤 3：用户选中"播放轴"图标，单击图表下方的"焦点模式"按钮。焦点模式如图 7-30 所示。

图 7-30　焦点模式

此时窗口将只呈现图 7-30，即该图的焦点模式。窗口左上方有返回到报表界面，可以退出该图的焦点模式。返回按钮如图 7-31 所示。

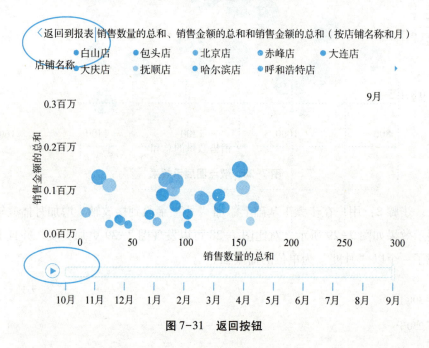

图 7-31　返回按钮

步骤 4：用户单击右下方的"开始"按钮，获得一个动态散点图。该图以月为时间轴动态播放了各个分店销售金额和销售数量的变化情况。观察这些气泡的发展变化，用户会发现几乎所有的门店在 6~8 月的销售金额普遍偏低。用户仔细观察还会发现，有一些气泡随时间变化上下起伏比较大，实际上就表明对应的门店销售状况不稳定。

总体来看，动态散点图使得数据分析的展示效果变得有趣多了。需要特别注意的是，散点图试图除根据点的分布及大致趋势判定 X 轴表示的变量和 Y 轴表示的变量之间是否存在某种关系，因此把毫不相关联的两个变量作为 X 轴和 Y 轴来绘制散点图是没有意义的。

对于散点图来说，数据量越多越好，数据量越多，从散点图的分布中越能看出规律。

步骤 5：所有的图标都有焦点模式，当在整个画布中某一个图标过小或其中某个数据不便于查看时，用户都可以选中该图表切换到焦点模式。

7.4.9　饼图和环形图

Power BI 中的饼图和环形图可看成一类图形，都用于展示数据之间的占比情况。饼图和环形图的对应按钮分别为  和 。

饼图是利用到圆心的直线将其分割成若干个扇形块，以扇形的面积（也就是以圆心角的度数）来表达数据系列中每个数值的统计图。饼图显示一个数据系列中各项数据占数据总和的比例。饼图最适合表达单一主题，即部分占整体的百分比。

Power BI 中的饼图的设置和使用方法与 Excel 中的饼图类似，本书以前文出现过的一季度销售数据表单为例。用户在画布中添加新的饼图图标以后，将"月份"拖拽至图例，将"销售额的总和"拖拽至"值"，并在格式设置中打开数据标签。饼图展示效果如图 7-32 所示。

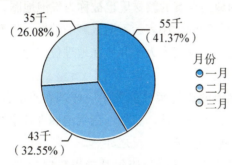

图 7-32　饼图展示效果

环形图是饼图的一种变化。环形图实际上就是中间挖空的饼图。环形图表示比例的大小是依靠环形的长度长短，其绝大多数的属性设置和格式设置与饼图相同。一季度销售数据环形图显示效果如图 7-33 所示。

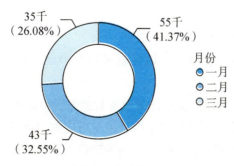

图 7-33　环形图展示效果

由于人类视觉对角度、环形长度的判断力要比对长短、高矮的判断力弱得多。因此饼图和环形图都有相同的弱点：当各个部分占比区别不大时，也就是比例很接近时，用户很难区分各部分的占比情况。另外，如果分类过多必然会导致一些扇形角度非常小或环形非常短，此时也会大大影响数据展示效果。因此，很多教材中认为饼图和环形图展示的类别一般不超过五个。

由于饼图和环形图仅表示类别的占比情况，因此不同的饼图和环形图之间的比较没有任何价值。

我们在前面的章节中使用到的树状图也经常用来表示比例关系，它更适合展现具有层级关系的数据，能够直观地体现同级之间的比较。树状图的基本使用方法前文已经详细讲解过，此处不再赘述。

7.4.10　地图和着色地图

Power BI 的可视化对象中有两种地图元素，分别是地图和着色地图。地图和着色地图的对应按钮分别为 和 。

Power BI 中的地图在有的教材里也被称为气泡地图，是指将数据反映在地理位置上，利用气泡的大小表示不同区域的数据。气泡越大，表示数据的值越大，从而使用户通过气泡大小和所在地理位置标注，非常快速直观地观察不同区域的数据关系。

例如，各个城市的销售额数值大小应体现在点的面积大小上，销售越多，点的面积越大，反之亦然。又如，用气泡展现各个城市对某种产品的购买力，气泡越大则购买力越强，反之亦然。

本书以分析某连锁店各个分店每月销售数据为例（文件位置：案例数据＼第七章＼散点图案例.xlsx），说明地图的特点和使用步骤。

步骤1：用户在画布空白处添加一个地图，将"店铺名称"拖拽至"位置"，再次将"店铺名称"拖拽至"图例"。拖拽两次的原因是以店铺名称所在地理位置决定气泡的地理坐标，同时以气泡颜色区分不同店铺。

步骤2：用户将"销售金额的总和"拖拽至"气泡大小"，销售金额越大，则气泡越大。

步骤3：用户得到地图展示效果。

步骤4：用户观察地图可以很直观地看出该连锁店在中国北方分店较多，销售集中。

步骤5：用户如果需要更仔细地查看数据，可以进入焦点模式，选中其中气泡最大的几个点，将显示出该气泡对应店铺的详细销售数据。

需要特别注意的是，此时气泡的地理位置是系统自动识别店铺名称来确定的，表单中的店铺名称字段如图7-34所示，并不是规范的地理位置，因此系统并不能保证识别和标注准确。最好的方式是用户给每一个店铺添加地理位置字段，完整地写出地名。如果要确保位置精确，用户也可以把具体的经纬度添加进来，这样就可以通过设置地图中"经度"和"纬度"属性精准标注每个气泡所在的地理位置。

店铺名称 ▼
白山店
包头店
北京店
赤峰店
大连店
大庆店

图 7-34　店铺名称字段

着色地图和气泡地图的制作过程及属性基本一致。着色地图使用颜色填充所标注的地理位置，通常用来表示在某个地理位置坐标上某个数据的热度，比如销售的火爆程度、热门事件的关注度等。

通常，着色地图对位置信息的要求要比气泡地图更严格。例如，如果用户仍然使用各个分店的"店铺名称"字段设置"图例"，将无法得到对应的着色地图。着色地图需要先为相应的字段设置地理信息分类，并选择和地理位置对应的层级。设置好以后，该字段前面会显示地球状的标识。

用户在某连锁店各个分店每月销售数据表单中添加相应的"省份名称"和"店铺地址"字段（文件位置：案例数据\第七章\着色地图案例.xlsx）。

用户在画布空白处添加一个着色地图，将"省份名称"拖拽至"位置"属性，将"销售金额的总和"拖拽至"工具提示"属性，并以总和方式显示。

此时着色地图中只反映出了连锁店在哪些省份有销售数据，各个省份的颜色数据是一样的。用户进一步将"店铺地址"和"店铺名称"分别拖拽至"位置"和"图例"属性。

此时的着色地图非常清楚地标示了各个省份的各个分店的销售情况。读者如果感兴趣，可以进一步给出地理坐标的详细经纬度以及店铺详细地理位置，观察着色地图在不同地理位置对应层级上的显示效果。

7.4.11　仪表图

顾名思义，仪表图类似于日常生活中的仪表盘。仪表图在圆弧内显示一个值，用于度量在实现目标或关键绩效指标方面的进度。仪表图设定目标值，然后用于展示速度、温度、进度、完成率、满意度等，很多情况下也用来表示占比。

本书以前文用过的半年销售任务完成情况为例，说明仪表图的特点和使用步骤。

步骤1：用户在画布空白处添加一个仪表图，将"实际销售额的总和"拖拽至"值"属性，此时实际销售额将会以总和方式显示（用户也可以自行添加度量值，计算实际销售总额）。仪表图属性设置和效果展示如图7-35所示。

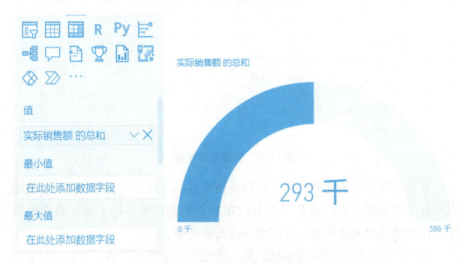

图7-35 仪表图属性设置和效果展示

Power BI默认仪表图中的实际数据总是显示在仪表图的中间位置，仪表图的最小值为零，仪表图的最大值为实际数据的两倍，仪表图不标注目标值。这种默认效果总是给人"目标任务只完成了50%"的错觉，因此用户通常需要对仪表图的格式数据进行进一步的设置。

步骤2：用户将"实际销售额的总和"拖拽至"目标值"属性，点击"可视化"窗口中的"格式"按钮，将"测量轴—最大"设置为"350000"。对应属性设置和效果展示如图7-36所示。

图7-36 对应属性设置和效果展示

此时实际销售额已经超过预计销售额。

这种仪表图的样式被称为数值仪表图。数值仪表图主要用于展示具体数字。仪表图的正中间显示实际销售额非常醒目。数值仪表图适合于既关注数据又关注达成度的情况，比如销售额指标达成情况。

Power BI 也提供百分比仪表图，主要用于显示某个数据的完成情况。

步骤 3：用户根据用过的半年销售任务完成表单，添加以下度量值：

预计销售总额 = sum('销售任务完成'[预计销售额])

半年销售完成情况 = DIVIDE(sum('销售任务完成'[实际销售额]),[预计销售总额])

步骤 4：用户设置"半年销售完成情况"度量值数据格式为百分比格式，保留小数点后两位。

步骤 5：用户在画布空白处添加一个仪表图，将"半年销售完成情况"拖拽至"值"属性，将"预计销售总额"拖拽至"目标值"属性，并设置仪表图的格式中"测量轴—最小"为 0，"测量轴—最大"最大为 1。仪表图属性设置和格式如图 7-37 所示。

图 7-37　仪表图属性设置和格式

此时仪表图展示效果如图 7-38 所示。图 7-38 表明半年已经超额完成销售任务，销售目标完成了 85.61%。

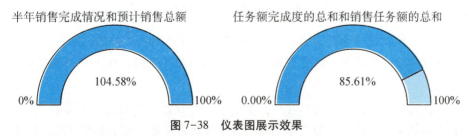

图 7-38　仪表图展示效果

仪表图广泛用于经营数据分析、财务指标跟踪和绩效考核等方面，仪表图只适合单个指标的数据展示。

7.4.12　卡片图和多行卡

我们在前面的章节中已大量使用了卡片图。严格来说，卡片图不能算是一种图表，在实际应用中也被称为"大数字磁贴"。在很多企业数据大屏或数据看板中，卡片图以卡片形式显示关键数据，如超额完成销售额等，使这些数据不被埋没在图表中。数据越受关注，越适合用卡片图来展示。

我们在前面章节中的大多数情况都只用卡片图展示了一个数据。我们使用卡片图来测试度量值的计算结果，这样可以让我们很直观地看到度量值的计算结果，便于理解计算逻辑。现在本书就 Power BI 卡片图进行更加详细的说明。

本书以前文一季度销售表单数据为例，表单详细情况如图 7-39 所示。

产品	月份	销售额
食用油	一月	33445
食用油	二月	34665
食用油	三月	45672
奶油	一月	3456
奶油	二月	3434
奶油	三月	56777
糖	一月	46577
糖	二月	45466
糖	三月	23451

图 7-39　表单详细情况

用户新建一个卡片图，将"销售额"字段拖入卡片的字段属性，卡片图显示效果如图 7-40 所示。

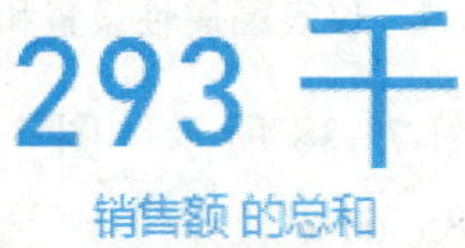

293 千
销售额 的总和

图 7-40　卡片图显示效果

该数值就是一季度销售总额，并不是我们拖入的每个月的销售额。用户仔细观察填入的字段可以发现是"销售额的总和"字段，而不是"销售额"字段。

由此可以看出，因为卡片图只能展示一个字段，所以当把字段放入时，它会自动聚合，比如对数字型字段，自动聚合为求和；对文本型字段，自动聚合为展示为第一个。用户单击销售额旁边的下拉箭头将弹出一个快捷菜单（快捷菜单界面如图 7-41 所示），显示当前属性可以进行的聚合运算。

图 7-41 快捷菜单界面

Power BI 几乎在所有的图表中都有类似的自动聚合功能，并且大部分自动聚合都和实际情况符合。该功能使得用户可以非常方便地实现数据展示，用户只需要检查数据显示是否与想象中一致即可。

用户还可以发现不需要再新建销售总额度量值，也就是说图表中的某些聚合功能可以代替新建计算列或新建度量值。此时用户或许会有这样的疑问：新建销售总额度量值还有必要吗？一些图表的自动聚合功能确实可以减少新建度量值、新建列甚至新建表，但图表自动聚合的结果不能够被再次使用。除此之外，DAX 的使用实际上是用户完成数据建模、数据分析的步骤和过程，它的作用和价值不只是体现在数据展示上，因此我们鼓励使用DAX。当然若像本章范例中仅是快速显示数据汇总信息，使用图表自动聚合，也不是不可以。

Power BI 在卡片图旁边提供"多行卡"可视化对象，其实这也是一个卡片图，它可以同时展示多个指标数据，只要把多个字段拖入该图的字段框中即可。

本书以前文半年销售任务完成情况表单为例。

用户新建一个多行卡图，将"半年售完成情况""预计销售总额""实际销售额的总和"字段拖入多行卡的字段属性。多行卡图属性设置和显示效果如图 7-42 所示。

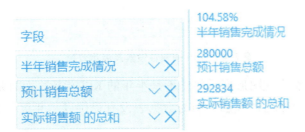

图 7-42 多行卡图属性设置和显示效果

注意，此时"半年销售完成情况"和"预计销售总额"是我们在前面添加的度量值，对"实际售额的总和"我们并没有新添加度量值，这里的"实际销售额的总和"实际上是系统的自动聚合运算。这种情况在前文也出现过，读者应自行分辨和理解。

7.4.13 KPI 图

众所周知，关键绩效指标（key performance indicator，KPI）是通过对组织内部流程的输入端、输出端的关键参数进行设置、取样、计算、分析，衡量流程绩效的一种目标式量化管理指标，是把企业的战略目标分解为可操作的工作目标的工具，是企业绩效管理的基础。

建立明确且切实可行的 KPI 体系是做好绩效管理的关键。KPI 图正是体现 KPI 管理的一个有效工具。

KPI 旨在根据已定义目标来评估指标的当前值和状态。KPI 图的视觉对象包括基础值、目标值以及阈值或目标。

本书以前文用过的销售任务完成情况表单为例，说明使用 KPI 图的一般方法。

步骤 1：用户新建两个度量值。

实际销售总额 = sum('销售任务完成'[实际销售额])

预计销售总额 = sum('销售任务完成'[预计销售额])

步骤 2：用户在画布空白处添加一个 KPI 图，将"实际销售总额"拖拽到"值"属性，将"预计销售总额"拖拽到"目标"属性，将"月份"拖拽到"走向轴"。KPI 图属性设置及展示效果如图 7-43 所示。

图 7-43　KPI 图属性设置及展示效果

此时用户会发现图形展示的并不是半年的 KPI 指标，而只是第一个月的 KPI 指标。我们可以理解为因为数据表没有提供以"年度"为"粒度"的分析依据。

步骤 3：用户导入日期表。日期表（根据需要设定）如图 7-44 所示。

月份	年
1月	2022年
2月	2022年
3月	2022年
4月	2022年
5月	2022年
6月	2022年

图 7-44　日期表

步骤 4：用户在日期表和销售任务完成表之间通过“月份”字段建立的表间关系如图 7-45 所示。

销售任务完成
预计销售额
月份
半年销售完成情况
实际销售总额
折叠
1
1
日期
年
月份
折叠

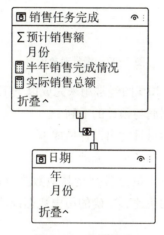

图 7-45　表间关系

步骤 5：用户修改前文的 KPI 图属性，将“年”拖拽到“走向轴”，此时展示效果如图 7-46 所示。

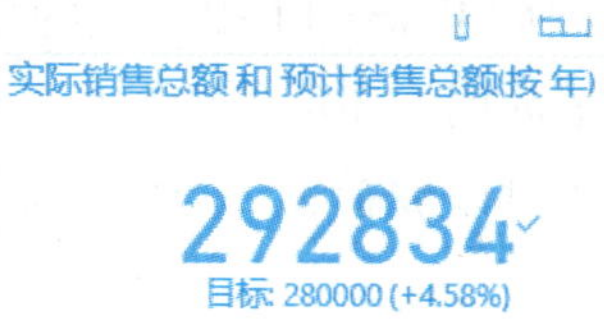

实际销售总额和预计销售总额(按 年)
292834
目标: 280000 (+4.58%)

图 7-46　展示效果

用户可以看到此时的展示效果就是整个销售任务的 KPI 数据。

步骤 6：用户可以根据需要打开“设置视觉对象格式”窗口来设置 KPI 格式。

例如，“走向轴”如果设置为“开”，视觉对象将以“走向轴”显示背景。有些人认为一些 KPI 值越高越好，一些 KPI 值越低越好。例如，表示收入的值越高越好，表示等待时间的值越低越好。用户选择“方向”>“较高适合"，并根据需要更改颜色设置。视觉对象设置如图 7-47 所示。

图 7-47 视觉对象设置

在财务数据分析中，KPI 图经常用来完成以下工作：

第一，测量每月总利润与预计的毛利。

第二，根据收入衡量每月支出以评估成本。

第三，用于衡量每季度的员工流动。

第四，各种业务专业人员经常在将其他数据分析结果和 KPI 图组合在一起，以获取业务成功的快速、准确的历史数据或趋势。

7.4.14 表和矩阵

我们在前面的章节中就已经使用过了表和矩阵，读者已经有了相关的基本概念和基本使用技巧。Power BI 中的表实际上就是一维表。用户只要把对应的字段拖入其中就可以。因此 Power BI 中的表的使用十分简单。在日常分析中，表不仅可以提供明细数据，还可以和卡片一样经常用来测试度量值的返还结果。相对来讲，矩阵可以被看成一个数据透视表，其功能和设置要复杂一些。

本书就批发公司销售数据情况（文件位置：案例数据 \ 第七章 \ 表和矩阵使用实例.xlsx）导入所有表格后，对矩阵中一些常见的使用技巧进行说明。

步骤 1：用户导入所有表格。

步骤 2：用户进入 Power Query 编辑器，将"年""季度""月"字段转换为文本类型。

步骤 3：用户根据前文的内容，将日期表中的"日期"字段与订单表中的"订单日期"字段建立一对多关系；将仓库表中的"仓库"字段与订单表中的"发货地"字段建立一对多关系；将产品表中的"产品名称"字段与订单表中的"产品名称"字段建立一对多关系。数据模型如图 7-48 所示。

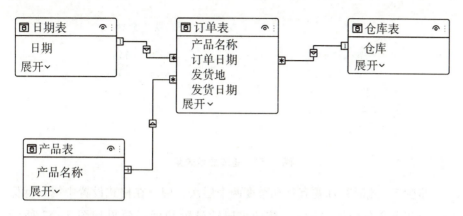

图 7-48　数据模型

步骤 4：用户在画布中新建一个矩阵，将日期表中的"年"和"季度"放入"行"属性中，将"产品类别"放入"列"属性中，将"销售金额"放入"值"属性中。矩阵展示效果如图 7-49 所示。

年	包装材料	加工原料	原材料	总计
⊟ **2021年**	**47884**	**56180**	**457303**	**561367**
第1季度	10834	10190	158322	**179346**
第2季度	22738	17400	174765	**214903**
第3季度	4048	540	99282	**103870**
第4季度	10264	28050	24934	**63248**
总计	**47884**	**56180**	**457303**	**561367**

图 7-49　矩阵展示效果

此时的"值"属性显示的是"销售额的总和"（如图 7-50 所示）。这是我们前文讲到过的图表的自动聚合。用户也可以通过添加一个新的度量值来实现，此处不再赘述。

图 7-50　销售额的总和度量值

如果我们新建一个矩阵，将"发货地"拖拽到"行"属性，将"产品类别"拖拽到"列"属性，将"销售量"拖拽到"值"属性。矩阵显示效果如图 7-51 所示。矩阵的数据透视功能非常强大。

发货地	包装材料	加工原料	原材料	总计
北京分拨中心	2128	507	3497	6132
广州分拨中心	1586	365	2616	4567
上海分拨中心	4079	1537	1322	6938
郑州分拨中心	1155	15	1267	2437
总计	8948	2424	8702	20074

图 7-51　矩阵显示效果

步骤 5：此时行标题有年和季度两个层次。用户在格式设置中找到行标题，关闭渐变布局的"+/-"按钮。属性设置和展示效果如图 7-52 所示（关闭行层次的显示效果）。

用户在格式设置中可以看到字体大小、颜色、样式等各种元素的设置选项。这些设置基本和 Excel 类似，此处不再赘述。

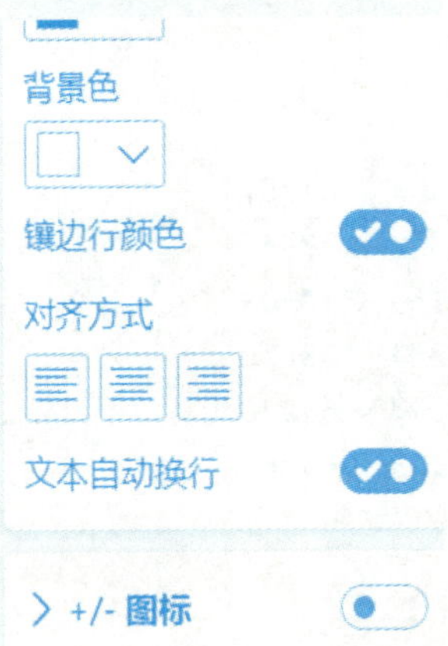

年	包装材料	加工原料	原材料	总计
2021年	47884	56180	457303	561367
第1季度	10834	10190	158322	179346
第2季度	22738	17400	174765	214903
第3季度	4048	540	99282	103870
第4季度	10264	28050	24934	63248
总计	47884	56180	457303	561367

图 7-52　属性设置和展示效果

步骤 6：用户在格式设置中找到"单元格元素"属性，打开其中的"数据条属性"开关，就可以在表格中看到用矩形大小代表数据大小的显示效果。最终展示效果如图 7-53 所示。

图 7-53 最终展示效果

步骤 7：用户点击数据条下面的 fx 按钮，在弹出的对话框中可以进一步设置条形的颜色、方向等属性，有兴趣的读者可以逐项打开，动手设置一遍。设置数据条属性如图 7-54 所示。

图 7-54 设置数据条属性

步骤 8：用户打开"单元格元素"属性中的"图标"开关，则可以用图标来展示数据的相对大小。打开"图标"开关后显示效果如图 7-55 所示。

年	包装材料	加工原料	原材料	总计
2021年	**47884**	**56180**	**457303**	**561367**
第1季度	◆ 10834	◆ 10190	● 158322	**179346**
第2季度	◆ 22738	◆ 17400	● 174765	**214903**
第3季度	◆ 4048	▲ 540	▲ 99282	**103870**
第4季度	◆ 10264	◆ 28050	◆ 24934	**63248**
总计	**47884**	**56180**	**457303**	**561367**

图 7-55　打开"图标"开关后显示效果

步骤9：用户点击"图标"属性下面的 按钮，在弹出的对话框中可以进一步设置图标的对齐方式、布局、样式等。设置图标界面如图 7-56 所示。

图 7-56　设置图标界面

矩阵中的这些格式设置不但非常有趣，而且在平时的数据分析中经常被用到，读者应熟练掌握。

表和矩阵的格式设置非常类似，此处不再赘述。

7.5　切片器

Power BI 中的切片器的功能十分强大，使用也非常灵活。虽然切片器的功能在很多情况下和筛选功能非常类似，但切片器的本质不是为了数据"切片"或数据"筛选"，而是根据切片器的选择控制其他可视化对象，显示相应的数据。

本书继续以 7.4.14 中使用到的销售数据为例，新建一个画布来展示切片器的特点和常见使用方法。

步骤1：用户新建一个度量值，在公式编辑栏输入 DAX 公式。

销售总额 = sum('订单表'[销售额])

步骤2：用户在新建的画布中新建一个矩阵，设置矩阵属性如图 7-57 所示。很明显，此矩阵需要展示的效果是这一年每一个产品的销售情况。

图 7-57　设置矩阵属性

步骤3：矩阵展示效果如图 7-58 所示。我们可以发现，产品名称过多使得该表非常长，不便于浏览。

年	餐垫	蛋糕底	蛋糕盒子	低筋面粉	高筋面粉	花边	蜡烛	奶茶粉	巧克力酱	生日熊	食用油
2021年	4384	22050	120	24024	97408	8392	8476	30450	3680	30792	322609
总计	4384	22050	120	24024	97408	8392	8476	30450	3680	30792	322609

图 7-58　矩阵展示效果

步骤4：用户此时可以考虑插入一个切片器，并将产品表中的"产品类别"拖拽至"字段"属性。切片器展示效果如图 7-59 所示。

图 7-59　切片器展示效果

步骤5：用户选择切片器中的"原材料"，会发现前面的矩阵中将会自动汇总展示"原材料"的相关数据。展示效果如图 7-60 所示。

步骤6：用户继续将"产品名称"也拉入"字段"属性，此时切片器中将出现"产品类别"和"产品名称"的层次关系。属性设置和展示效果如图 7-61 所示。

年	低筋面粉	高筋面粉	花边	食用油	扎线	总计
2021年	24024	97408	8392	322609	4870	457303
总计	24024	97408	8392	322609	4870	457303

产品类别

☐ 包装材料

☐ 加工原料

■ 原材料

图 7-60　展示效果

图 7-61　属性设置和展示效果

步骤 7：用户选中具体的产品名称，如蜡烛，将会在对应的矩阵中看到有关蜡烛的销售汇总数据。显示效果如图 7-62 所示。

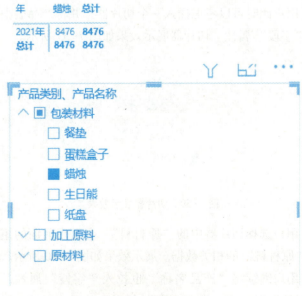

图 7-62　显示效果

　　此时我们会发现，使用切片器的原因是矩阵所要展示的数据过多。为了快速定位到需要重点关注的数据上，我们可以使用切片去控制矩阵的数据展示。实际上，Power BI 提供的筛选器也能够实现对应效果。但使用切片器更直接、更具有交互性，读者可以根据自己的喜好和数据可视化需要自行选择。

　　步骤 8：用户将日期中的"月"字段拉入"行"属性中，将会按照"年""月"层级方式显示各个产品的销售情况。矩阵展示效果如图 7-63 所示。

年	餐垫	蛋糕底	蛋糕盒子	低筋面粉	高筋面粉
⊟ 2021年	4384	22050	120	24024	97408
01月	14	6300			15200
02月				3640	34240
03月					
04月	250				
05月	700	6660		4290	9600
06月	40			7800	24800
07月	250	270			11680
08月			120		384
09月	700	270		7800	640
10月		8550			480
11月	950				
12月	1480			494	384

图 7-63　矩阵展示效果

　　步骤 9：用户再插入一个新的切片器，并将日期表中的"年""月"拖拽至"字段"属性。切片器展示效果如图 7-64 所示。

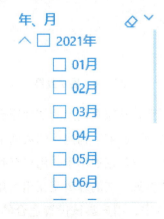

图 7-64　切片器展示效果

步骤 10：用户选中两个切片器中的数据，比如同时选中"蜡烛"和"2021 年 02 月"，此时矩阵中的数据将实现"两次切片"。展示效果如图 7-65 所示。

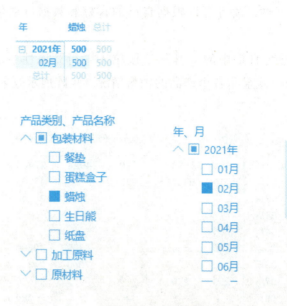

图 7-65　展示效果

步骤 11：用户新建一个画布，并新建一个卡片可视化对象，将"销售总额"拉入"字段"属性；新建一个切片器，将仓库表中的"仓库"字段拉入切片器的"字段"属性。此时切片器将可以控制卡片器的展示效果。展示效果如图 7-66 所示。

图 7-66　展示效果

实际上，在默认情况下，画布页面上的切片器会影响该页面上的所有其他可视化对象，而且还会相互影响。筛选后的数据是这两个切片器中所选值的交集。在画布的整体布局及数据展示中，用户有时会有目的地控制切片器作用的图表，详细介绍请参见后文的编辑交互相关知识点。

步骤 11：在格式设置中，用户尝试设置适合的切片器格式，如切片器的方向、彩色背景以及文本等，以获得更好的外观。略微进行格式设置之后，两个切片器效果对比如图 7-67 所示。

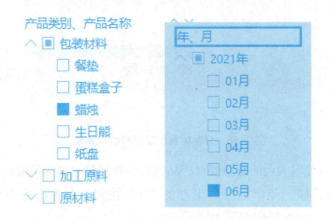

图 7-67　两个切片器效果对比

初学者需要特别注意的是，切片器实质上是根据切片器的选择控制其他可视化对象显示相应的数据。因此，用户一般将维度表格放入切片器中，且必须要保证正确、有意义的表间关系。

在财务分析中，切片器经常用来完成以下工作：

第一，在报表画布上进行常用或重要的筛选，以简化访问，比如分别展示每一个分店的销售数据。

第二，当数据表中的数据相对较多时，可以直接筛选到当前状态，无需打开下拉列表。

第三，可以在数据表中隐藏不需要的列。

第四，通过将切片器置于重要视觉对象旁边，创建更突出重点的报表。

7.6　分解树

分解树是 Power BI 中非常有意思的一个交互式视觉对象，用于浏览和执行根本原因分析。分解树也是一种人工智能（AI）可视化效果。

本书继续以 7.4.14 中使用到的销售数据为例，新建一个画布来展示分解树的特点和常见使用方法。

步骤 1：用户新建一个画布，并新建一个分解树可视化对象。

步骤 2：用户将"销售总额"度量值拉入"分析"字段，将"产品类别"拉入"解释依据"字段。分解树属性设置和展示效果如图 7-68 所示。

图 7-68　分解树属性设置和展示效果

步骤 3：此时表明的是想要以产品类别分析销售总额的组成情况。用户点击"销售总额"矩形框旁边出现的"+"按钮，在弹出的菜单中选择"产品类别"（如图 7-69 所示）。

图 7-69　选择产品类别

步骤 4：此时分解树按产品类别将销售总额进行分解展示。显示效果如图 7-70 所示。

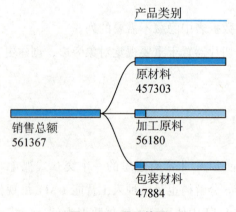

图 7-70　显示效果

步骤 5：进一步地，如果用户将产品名称继续拉入解释依据就会发现，产品类别对应的三个全框旁边都会出现一个加号。每一类产品都可以按产品名称进行进一步分析，对各个产品的销售总额进行分解展示。最终效果如图 7-71 所示。

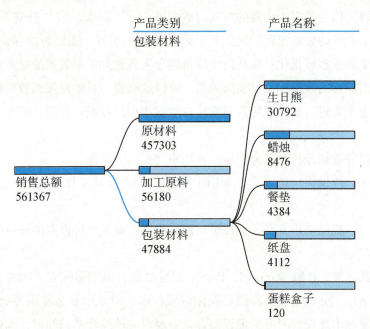

图 7-71 最终显示效果

步骤6：用户可以选择"产品类别"和"产品名称"旁边的标题中的"×"来删除级别，达到分析目的。

步骤7：用户在进行分解分析的过程中，可以点击"销售总额"或"产品名称"，选择"高值"或"低值"（如图7-72所示），以控制分解树的展示方式。

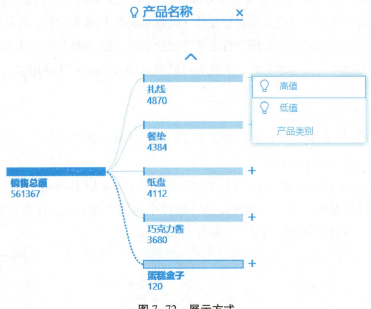

图 7-72 展示方式

分解树以一种更为直观的方式对数据进行了"钻取"或"分解",同时也展示了业务的分解流程,因此视觉效果比图表更好。需要再次强调的是,包括前文的很多可视化对象在内能够得到令人满意的展示效果的根本重要原因是前面确定的数据模型及表间关系。可以这么说,再如何强调数据模型的重要性也不为过。初学者应该养成建立数据模型的习惯,并通过若干实践逐渐体会。

在财务数据分析中,分解树经常用来完成以下工作:

第一,提供供应链方案,如用于分析公司的延迟交货(脱销)产品的百分比。

第二,提供销售方案,如按游戏流派和发行商等多种因素细分视频游戏销售情况。

除此之外,R 脚本 Visual、Python 视觉对象、关键影响者、问答、智能叙述、指标、分页报表等其他可视化对象在默认对象中要么使用得比较少,要么需要在本地安装对应的编程语言,需要对应的编程基础知识,此处不再赘述。

7.7　自定义可视化对象

Power BI 之所以被广泛使用,不仅是因为它强大的默认常用图表,更是因为它提供了丰富的自定义视觉对象库。我们在全文提到,目前 Power BI 可以提供 400 多个自定义图表和控件,该数量还在不断增加中。本节主要介绍一些比较有趣但并不常用的自定义可视化对象。这些图表都可以通过在应用商店中搜索英文名称下载,下载后可以直接导入 Power BI 使用。

7.7.1　自定义可视化对象获取

Power BI 的自定义可视化对象主要通过以下两种方式获取:

(1)从 AppSource 导入

步骤 1:用户注册 Power BI 后并登录,在 Power BI Desktop 或 Power BI 服务中打开报表,从"可视化效果"窗口中选择省略号,并在弹出的菜单中选择"获取更多视觉对象"(如图 7-73 所示)。

图 7-73 获取更多视觉对象

步骤 2：此时系统自动打开 AppSource，用户查找自己所需要的可视化对象即可安装到 Power BI Desktop 中。

（2）从文件导入

当然，用户也可以从官网或其他途径获取自定义可视化对象的文件（常用文件后缀名为".pbiviz"），然后选择"从文件导入视觉对象"，选择文件路径，并正确选择文件，从而将自定义图标直接导入 Power BI Desktop 中。

成功导入后，可视化窗口的图标末端出现新导入的自定义可视化对象图标，如图 7-74 所示。

图 7-74 新导入的自定义可视化对象图标

（3）自定义可视化对象的管理

用户在 Power BI Desktop "可视化效果"窗口中选择省略号，并在弹出的菜单中选择"删除视觉对象"即可对可视化对象进行删除（如图 7-75 所示）。这里删除的只是用户自己导入的自定义可视化对象，不包括系统默认的可视化对象。

图 7-75　删除视觉对象

7.7.2　马表图

马表图又称多状态仪表图（dial gauge），是一种带指针的仪表图。马表图通过黄、红、绿三种颜色的变化反映实际值与目标值的接近程度，可视化效果比仪表图更加突出且更富有视觉冲击力。

为了更好地看到马表图的使用效果，本书以销售任务未完成情况来说明马表图的主要特点（文件位置：案例数据 \ 第七章 \ 马表图实例.xlsx）。

步骤 1：用户导入数据后添加度量值。

实际销售总额(未完成) = sum('销售任务未完成数据'[实际销售额])

预计销售总额(未完成) = sum('销售任务未完成数据'[预计销售额])

半年销售任务额最大值 = '销售任务完成'[预计销售总额] * 1.2

半年销售任务额最小值 = '销售任务完成'[预计销售总额] * 0.8

步骤 2：用户设置马表图的属性，将"半年销售任务额最大值"度量值拉入"Max"属性，将"半年销售任务额最小值"度量值拉入"Min"属性，将"预计销售总额（未完成）"度量值拉入"Target End"属性，将"实际销售总额（未完成）"度量值拉入"Actual End"属性，将"实际销售额的总和"度量值拉入"Pointer Value"属性，并将其自动聚合方式改为"总和"。

步骤 3：用户可以在格式窗口中设置一些格式，比如打开"Shadow"属性，显示出立体（3D）效果；打开"Legend"属性，将每个颜色代表的含义在图表中打开。马表图展示效果如图 7-76 所示。

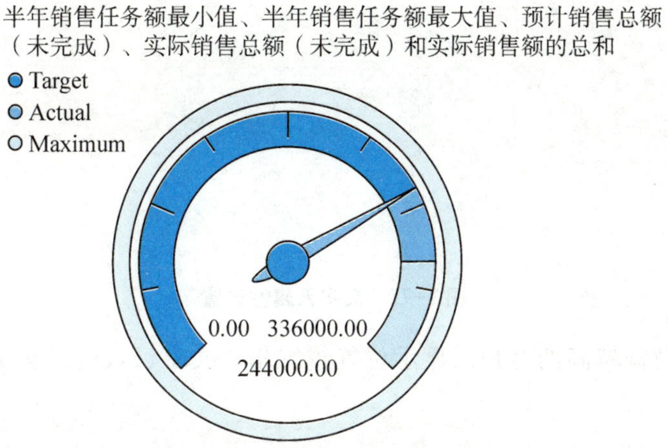

半年销售任务额最小值、半年销售任务额最大值、预计销售总额
（未完成）、实际销售总额（未完成）和实际销售额的总和

图 7-76　马表图展示效果

此时的马表图中红色区域表示 0 减 Min 值（半年销售任务额最小值）。如果实际上的销售额没有达到这个额度，也就是销售任务完成情况不佳。黄色区域表示表示 Min 值（半年销售任务额最小值）减预计销售额。如果实际上的销售额达到这个额度，也就是销售任务完成情况正常。绿色区域表示预计销售额减半年销售任务额最大值。如果实际上的销售额达到这个额度，也就是销售任务完成情况非常好。

7.7.3　文字云

文字云（word cloud）是近年来较为流行且使用较多的一种可视化对象。文字云特别适合进行文字内容挖掘的可视化展示，它以一种直观有趣的方式展现出文本内容，在数据池中出现频率较高的词汇将会以较大、醒目的方式展示，而那些出现频率较低的词汇则以较小、不显眼的方式展示。用户在大致扫描文字云时就能快速从中获得高频关键词。

本书以某销售公司客户名单为例（文件位置：案例数据＼第七章＼文字云实例.xlsx），对文字云进行介绍。

步骤 1：用户导入数据后，添加新的度量值。

销售总额 = sum（'订单表'[销售额]）

步骤 2：用户在画布中添加一个文字云可视化对象。文字云属性设置如图 7-77 所示。该文字云是对"客户姓名"词频的分析，以"销售总额"为分析依据。

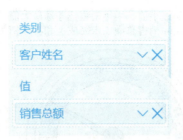

图 7-77　文字云属性设置

销售总额越高的客户，显示位置越突出。文字云最终效果如图 7-78 所示。

图 7-78　文字云最终效果

7.7.4　桑基图

1898 年，爱尔兰人桑基（Sankey）在土木工程师学会会报纪要中首次使用了桑基图。该图也叫桑基能量分流图或桑基能量平衡图。该图的主要特征就是以一条从左到右或从右到左的"丝带"表明了一组值。"丝带"的始末两端的分支宽度总和相等，即所有主支宽度的总和应与所有分出去的分支宽度的总和相等，从而保证了"能量平衡"。桑基图的这种特点使得用户可以跟踪每个"丝带"明确数据的源头、目的地和过程。另外，用户也可以通过鼠标非常容易地在各个"丝带"间进行切换。

本书仍以 7.4.14 中的某销售公司销售数据（使用相同的数据模型）为例，说明桑基图的特点和常见使用方法。

步骤 1：用户在画布中添加一个新的桑基图可视化对象。桑基图设置属性如图 7-79 所示。该桑基图按产品类别和产品名称之间的数据"来源"和

"目的"关系，分析销售总额的组成情况。

图 7-79　桑基图设置属性

步骤 2：桑基图展示效果如图 7-80 所示。左边的三种不同颜色的矩形分别表示了三种产品类别。在包装材料中，从左到右的很多条"丝带"表明了加工原料销售额由各类右边的产品构成。用户点击鼠标可以具体查看每一组数据具体的值和走向。

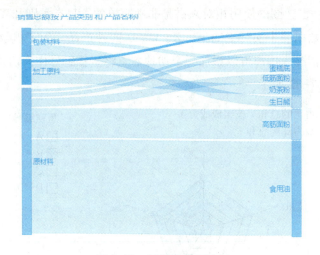

图 7-80　桑基图展示效果

桑基图广泛应用于能源、材料成分、金融等数据的可视化分析，用来展现各数据节点之间的流量导向，方便用户找出贡献最大的流量。

7.4.5　雷达图

雷达图（radar chart）又称为蜘蛛图，是数据分析中比较常见的一种图形，支持在分类轴上对比显示多个度量值。雷达图主要可以基于某几个既定指标，分析个体在各个指标上的完成情况，使用户能比较清楚地看到个体哪几个指标完成得好，哪几个指标完成得不好。例如，我们常见用雷达图来分析某个种类的咖啡的醇香度、苦涩度、酸度、烘焙度几个指标的情况。

本书以模拟蛋糕成分组成为例（文件位置：案例数据 \ 第七章 \ 雷达图使用案例.xlsx 中的蛋糕组成成分表单），对雷达图进行介绍。

步骤 1：用户在画布中添加一个新的雷达图可视化对象。雷达图属性设置和展示效果如图 7-81 所示。

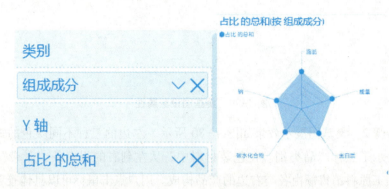

图 7-81　雷达图属性设置和展示效果

步骤 2：雷达图的使用相对来讲是非常简单的，只有类别和 Y 轴两个属性。对应的数据表中实际上有 A、B、C、D 四种产品。为了能够分别查看每种产品的情况，用户可以添加一个切片器，将蛋糕编号作为切片依据。展示效果如图 7-82 所示。

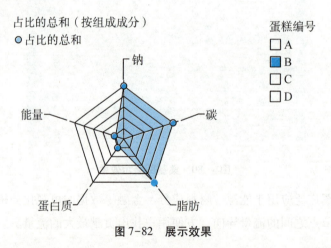

图 7-82　展示效果

步骤 3：用户在使用雷达图的时候需要注意即便是同一数据，不同的数据准备会带来不同的效果。同样是蛋糕成分组表单，前文使用的是一维表，现有一个二维表（文件位置：案例数据 \ 第七章 \ 雷达图使用案例.xlsx 中的蛋糕组成二维表单）如表 7-2 所示。

表 7-2　二维表格

蛋糕编号	能量	蛋白质	脂肪	碳水化合物	钠
A	5	1	6	5	5
B	1	1	6	6	6
C	10	8	5	4	4
D	6	10	8	4	3

虽然两个表的实际内容是完全相同的，但此时用户会发现，只有将蛋糕编号作为类别，将各个组成成分作为 Y 轴，数据才会有意义。

步骤 4：由于 Y 轴上有多个字段，因此此时用户需要进行格式设置，将多个字段的颜色在图表上区分开来。用户将各个组成在 Y 轴上的自动聚合方式设置为最大值，展示效果如图 7-83 所示。此时雷达图展示的实际上是某种组成成分的最大值在 A、B、C、D 四种产品上。

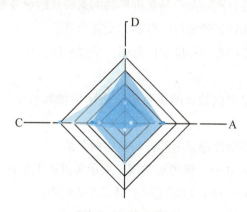

图 7-83　展示效果

至此，本节已经介绍了马表图、文字云、桑基图和雷达图，这些都是我们在日常生活中经常可以看到的。

由于数据来源文件的不同，同一个自定义可视化对象在 Power BI 中也会存在多个不同的版本，它们的使用方法大致类似，但在细节特别是在格式设置上或多或少都会有点区别。本书认为，很多人起初开始学习 Power BI 的原因是被各种各样的视觉效果吸引，因此注册会员以后，热衷于下载各种视觉对象到 Power BI Desktop 中去，也特别热衷于使用这些图表达到"炫酷"的效果。这种做法其实并不值得推荐，主要原因如下：

第一，自定义可视化对象的使用范围并不一定广泛。由于各种各样的原因，用户在很多情况下不能灵活调整或无法与报告中的其他对象完美兼容，因此除非特别需要外，一般不建议用户使用自定义可视化对象。

第二，Power BI 中内置的可视化对象是在现实数据分析中使用得最多的，是通用性最好的，很多可视化对象都会随软件版本的更新不断优化。因此，用户应首先将精力放在学习使用系统内置的可视化对象。

第三，无论使用哪个可视化对象，最终目的都是想让数据呈现效果最优化，因此需要展示的数据要素是什么、什么样的可视化对象最合适才是用户需要考虑的重点，用户不应把重点放在选用哪个新奇的可视化对象上。在有的时候，用户考虑太多新奇的可视化对象，会错误吸引用户注意力，影响报告性能，得不偿失。

7.8　本章练习

判断题

（1）折线图适合跟踪某产品从推广到购买转换的业务流程。　　（　　）

（2）散点图能够清晰地反映数据的变化趋势。　　（　　）

（3）Power BI 中折线和堆积柱形图、折线和簇状柱形图都属于组合图。

（　　）

（4）瀑布图是根据数据的正负值来表示增加和减少，并以此来表达柱子的上升和下降。　　（　　）

（5）饼图和环形图都显示部分与整体的关系。　　（　　）

（6）在 Power BI 中，饼图通常用于展示关键数据指标。　　（　　）

（7）在 Power BI 中，矩阵实际上是二维表的概念。　　（　　）

（8）在 Power BI 中，如果想在仪表图或报表中显示某项最重要的信息就是一个数字。可视化对象一般选择用桑基图。　　（　　）

（9）在 Power BI 中，词云是一种自定义的可视化对象，通常用来表达部分与整体的关系。　　（　　）

（10）切片器和筛选功能非常类似，两者实际上可以互换。　　（　　）

实训题

尝试对产品销售表完成以下数据分析：

（1）仔细分析几个表的结构，建立合理的表间关系。

（2）整理三个表格中多余的行，设置合理的表标题。

（3）观察折扣表，将其转换为一维表。

（4）由于折扣表中的折扣范围是文本类型，不便于后续的计算，将其格式改为如图 7-84 所示。

	下限	上限	属性	值
1	1	999	产品A	0
2	1	999	产品B	0
3	1	999	产品C	0
4	1000	1499	产品A	0.01
5	1000	1499	产品B	0.02
6	1000	1499	产品C	0.03
7	1500	1999	产品A	0.02
8	1500	1999	产品B	0.03
9	1500	1999	产品C	0.04
10	2000	99999	产品A	0.03
11	2000	99999	产品B	0.04
12	2000	99999	产品C	0.05

图 7-84 格式更改

（5）在“销售记录”中新添加一列，为每笔销售记录的“序列号”，命名规则为插入 001、002、003［添加索引，之后添加“序号列”，使用字符串连接函数 CONCATENATE( )］。

（6）计算每单的销售额。

（7）统计各个产品在 2022 年的销售总数量和销售总额。

（8）找出销售记录中销售数量大于 1 500 的销售记录，以便于后期奖励。

（9）分析销售数量大于 1 500 的销售记录在每个月的变化情况。

（10）用环形图展示每个产品的占比情况。

（11）用折线图和柱形图相结合的方式显示每个月的销售情况。

（13）用数值仪表图展示年度总销售额完成情况。

（14）用词云展示热带商品的销售情况。

（15）用分解树展示年度销售总额的组成和占比情况。

（16）尝试选用其他适当的可视化对象，进行数据可视化。

8 Power BI 数据分析 与可视化实践

具有 Power BI 数据分析需要的背景知识和常用技能，掌握财务数据分析与可视化页面设计思路，能够独立完成财务数据分析工作，并具有较强的知识更新能力和学习能力是本书的最终目的。因此，本章通过一个管理会计案例和一个财务分析案例，介绍了整个财务数据分析的全部流程，让读者能够将前面各个章节的所学融会贯通，对财务数据分析有更加全面的理解和认识。

8.1 管理会计案例分析实践

用户通过对业务数据进行分析和可视化，可以更加直观地了解和掌控企业销售数据。本案例的数据来自某企业 1~2 月的销售数据，我们将其整理为"8.1 管理案例数据.xlsx"。该文件包括五个维度表——客户城市表、仓库表、产品表、客户表、日期表，一个事实表——订单表。本节利用 Power BI 对该企业的业务数据实现产品分析、区域分析、仓储分析、客户分析、排名分析的可视化（文件位置：案例数据 \ 第八章 \ 8.1 管理案例数据.xlsx）。

在初始案例中，用户先在 Power Query 中对订单表添加"月份"列，执行"添加列"→"从日期和时间"→"日期"→"月"→"月"命令，再添加以下两个新建列：

单价 = RELATED('产品表'[采购价])

金额 = '订单表'[单价] * '订单表'[销售数量]

用户在模型中创建一个"度量值"表，用来存放和管理所有的度量值。在完成本案例的可视化分析过程中，用户需要在"度量值"表中设置以下度量值：

销售金额 = SUM('订单表'[金额])

销售数量 = SUM('订单表'[销售数量])

Power BI 可以根据内容划分使用不同的画布，用户点击加号即可生成不同的画布。增加画布如图 8-1 所示。本节将针对不同报表使用不同的画布。

图 8-1　增加画布

8.1.1　产品分析与可视化

本案例的产品分析主要是根据产品名称、订单信息分析产品的销售情况，使用可视化图表向用户展示。产品分析与可视化最终效果如图 8-2 所示。

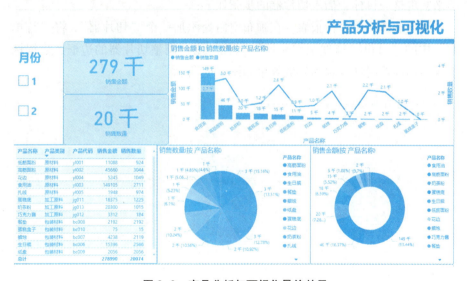

图 8-2　产品分析与可视化最终效果

用户采用卡片图展示产品分析报表的销售金额、销售数量，插入卡片图的步骤如下：

步骤 1：用户选择产品分析报表，单击"可视化"窗口中的"卡片图"，将"度量值"表中的"销售金额"拖拽至"字段"属性。用户调整卡片图的边框、数据标签等。卡片图属性设置和生成效果如图 8-3 所示。

图 8-3　卡片图属性设置和生成效果

步骤 2：用户采用同样的方法，生成"销售数量"卡片图。

我们希望可以通过筛选不同月份来查看对应月份的数据，这里使用切片器来实现这一目标。插入切片器的步骤如下：

用户选择产品分析报表，在画布空白处添加一个"切片器"，将"订单表"中的"月份"拖拽至"字段"属性。用户调整切片器的边框、数据标签等。切片器属性设置和生成效果如图 8-4 所示。

图 8-4　切片器属性设置和生成效果

用户使用折线和簇状柱形图反映不同产品的销售金额与销售数量。插入折线和簇状柱形图的步骤如下：

用户选择产品分析报表，在画布空白处添加一个"折线和簇状柱形图"，设置折线和簇状柱形图的属性。用户调整折线和簇状柱形图的边框、数据标签等。折线和簇状柱形图属性设置和生成效果如图 8-5 所示。

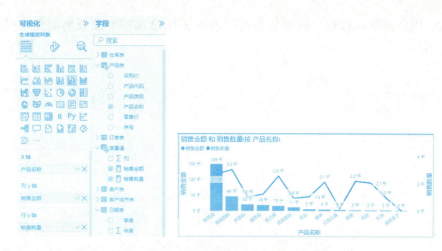

图 8-5　折线和簇状柱形图属性设置和生成效果

用户使用环形图反映不同产品的销售金额及其占比情况。插入环形图的步骤如下：

用户选择产品分析报表，在画布空白处添加一个"环形图"，设置环形图的属性。用户调整其边框、数据标签等。环形图属性设置和生成效果如图8-6 所示。

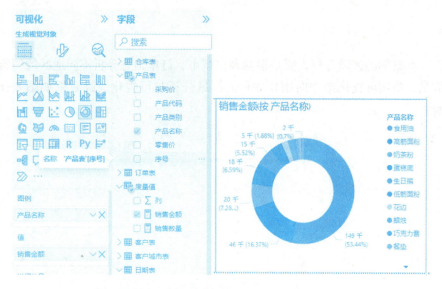

图 8-6　环形图属性设置和生成效果

用户使用扇形图反映不同产品的销售数量及占比情况。插入扇形图的过程与插入环形图类似，此处不再赘述。

用户使用"表"来更清楚直接地观察和比较不同产品的产品信息、销售金额以及销售数量的详细数据和变动情况。插入"表"的步骤如下：

用户选择产品分析报表，在画布空白处添加一个"表"，设置表的属性。用户调整其边框、数据标签等。表的属性设置和生成效果如图 8-7 所示。

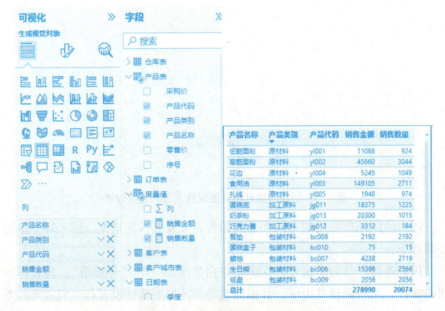

图 8-7　表的属性设置和生成效果

8.1.2　区域分析与可视化

本案例的区域分析主要是根据客户城市、订单信息分析不同地区的销售情况，使用可视化图表向用户展示。区域分析与可视化最终效果如图 8-8 所示。

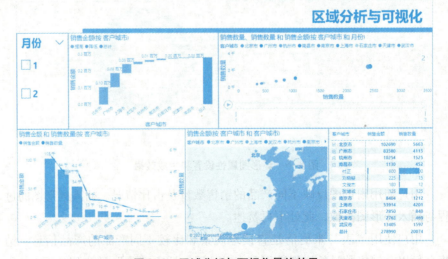

图 8-8　区域分析与可视化最终效果

用户采用"瀑布图"反映不同客户城市的销售金额的大小。插入"瀑布图"的步骤如下：

用户选择区域分析报表，在画布空白处添加一个"瀑布图"，设置瀑布图的属性。用户调整瀑布图的边框、数据标签等。瀑布图属性设置和生成效果如图 8-9 所示。

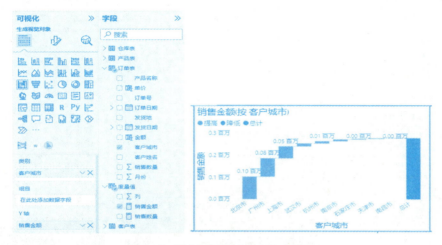

图 8-9　瀑布图属性设置和生成效果

我们通过矩阵反映不同客户城市的销售金额和销售数量。插入矩阵的步骤如下：

用户选择区域分析报表，在画布空白处添加一个"矩阵"，设置矩阵的属性。用户调整矩阵的边框、数据标签等。矩阵属性设置和生成效果如图 8-10 所示。

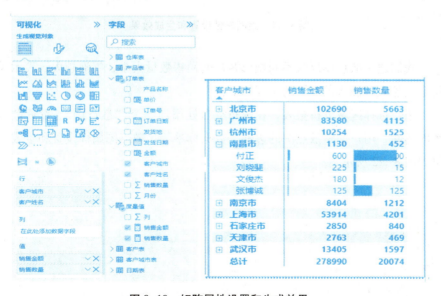

图 8-10　矩阵属性设置和生成效果

　　我们通过地图直观地反映不同城市客户的销售金额大小，气泡越大，表示销售金额越大。插入地图的步骤如下：

　　用户选择区域分析报表，在画布空白处添加一个"地图"，设置地图的属性。用户调整地图的边框、数据标签等。地图属性设置和生成效果如图 8-11 所示。

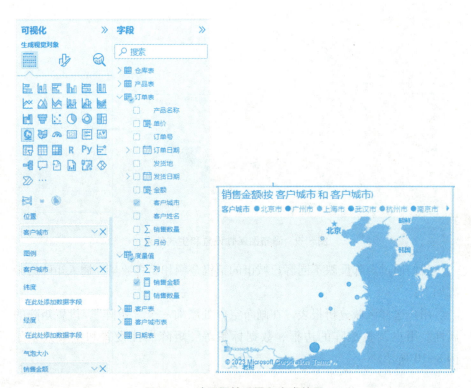

图 8-11　地图属性设置和生成效果

　　我们通过散点图反映不同城市客户的销售数量大小，气泡越大，表示销售金额越大。插入散点图的步骤如下：

　　用户选择区域分析报表，在画布空白处添加一个"散点图"，设置散点图的属性。用户调整散点图的边框、数据标签等。散点图属性设置和生成效果如图 8-12 所示。

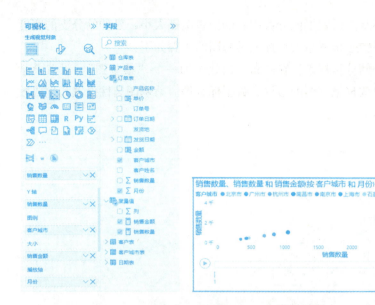

图 8-12　散点图属性设置和生成效果

我们使用折线和簇状柱形图反映不同销售地区的销售金额和销售数量的变化情况，插入折线和簇状柱形图的步骤前文已有述及，此处不再赘述。

我们使用切片器展示不同月份的城市销售数据，插入切片器的步骤前文已有述及，此处不再赘述。

8.1.3　仓储分析与可视化

本案例的仓储分析主要是根据物流分拨中心、客户城市、订单信息分析销售情况，更好地指导公司针对不同地区备货，使用可视化图表向用户展示。仓储分析与可视化最终效果如图 8-13 所示。

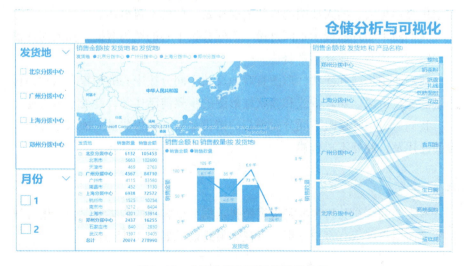

图 8-13　仓储分析与可视化最终效果

我们通过桑基图反映不同分拨中心的销售金额大小，延伸的分支的宽度越大，表示产品销售金额越大。插入桑基图的步骤如下：

用户选择仓储分析报表，在画布空白处添加一个"桑基图"，设置桑基图的属性。用户调整桑基图的边框、数据标签等。桑基图属性设置和生成效果如图 8-14 所示。

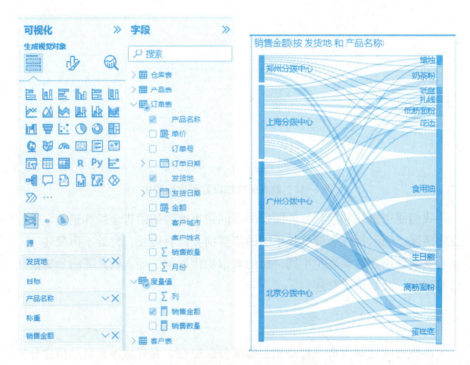

图 8-14　桑基图属性设置和生成效果

我们通过地图直观地反映不同分拨中心的销售金额大小，气泡越大，表示销售金额越大。插入地图的步骤前已述及，此处不再赘述。

我们使用切片器展示不同月份、不同分拨中心的销售数据，插入切片器的步骤前已述及，此处不再赘述。

我们使用折线和簇状柱形图直观地反映不同分拨中心的销售金额和销售数量的变化情况。插入折线和簇状柱形图的步骤前已述及，此处不再赘述。

我们通过矩阵反映不同分拨中心的销售金额和销售数量。插入矩阵的步骤前已述及，此处不再赘述。

8.1.4　客户分析与可视化

本案例的客户分析主要是根据销售数据分析客户的购买情况，使用可视化图表向用户展示。客户分析与可视化最终效果如图 8-15 所示。

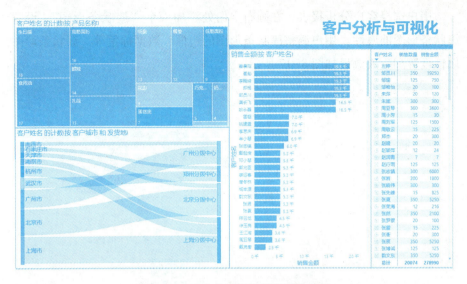

图 8-15　客户分析与可视化最终效果

　　我们使用"树状图"来比较用户订购产品的偏好。插入"树状图"的步骤如下：

　　用户选择客户分析报表，在画布空白处添加一个"树状图"，设置树状图的属性。用户调整树状图的边框、数据标签等。树状图属性设置和生成效果如图 8-16 所示。

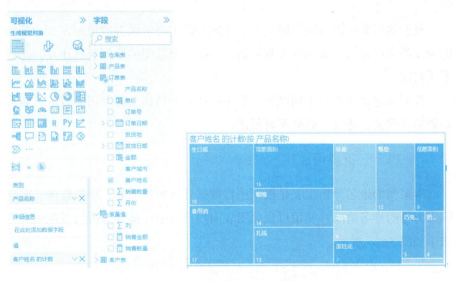

图 8-16　树状图属性设置和生成效果

　　我们使用"簇状条形图"来反映不同客户的销售金额的变化情况。插入"簇状条形图"的步骤如下：

用户选择客户分析报表，在画布空白处添加一个"簇状条形图"，设置簇状条形图的属性。用户调整簇状条形图的边框、数据标签等。簇状条形图属性设置和生成效果如图 8-17 所示。

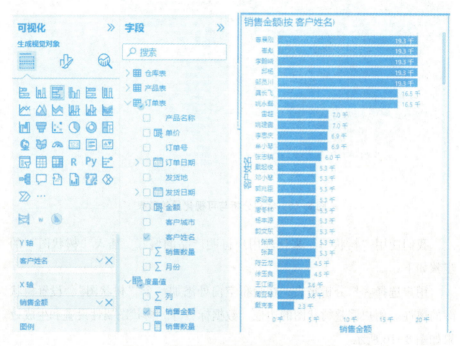

图 8-17　簇状条形图属性设置和生成效果

我们通过桑基图反映不同城市、不同分拨中心的顾客数量的多少，延伸的分支的宽度越大，表示顾客数量越多。插入桑基图的步骤前已述及，此处不再赘述。

我们通过矩阵展示不同顾客订购不同产品的销售金额及销售数量。插入矩阵的步骤前已述及，此处不再赘述。

8.1.5　排名分析与可视化

本案例的排名分析主要是根据销售数据分析销售金额、销售数量、客户购买力等的排名情况，使用可视化图表向用户展示。排名分析与可视化最终效果如图 8-18 所示。

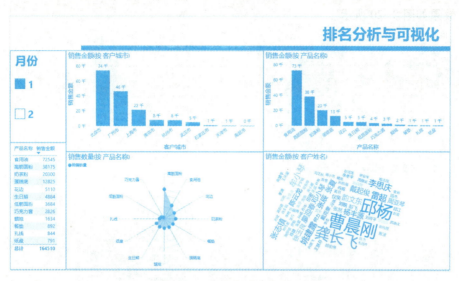

图 8-18　排名分析与可视化最终效果

我们使用"雷达图"来反映不同产品的销售数量。插入"雷达图"的步骤如下：

用户选择排名分析报表，在画布空白处添加一个"雷达图"，设置雷达图的属性。用户调整雷达图的边框、数据标签等。雷达图的属性设置和生成效果如图 8-19 所示。

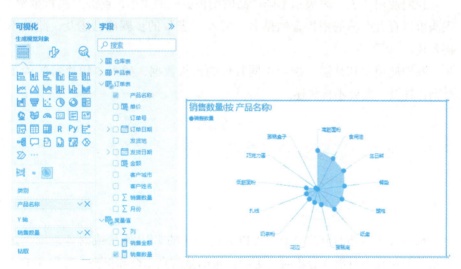

图 8-19　雷达图的属性设置和生成效果

我们使用"文字云"来展现购买金额最大的用户名。插入"文字云"的步骤如下：

用户选择排名分析报表，在画布空白处添加一个"文字云"，设置文字云的属性。用户调整文字云的边框、数据标签等。文字云的属性设置和生成效果如图 8-20 所示。

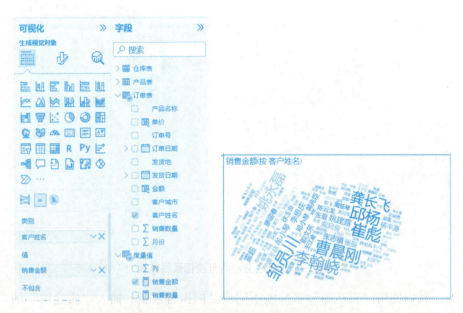

图 8-20　文字云的属性设置和生成效果

我们使用"簇状条形图"来反映不同客户城市、不同产品的销售金额排名。插入"簇状条形图"的步骤前已述及，此处不再赘述。

我们使用"表"来展示不同产品的销售金额的大小，点击"销售金额"表头可以查看产品的销售金额排名。插入"表"的步骤前已述及，此处不再赘述。

我们使用"切片器"展示不同月份的销售数据，插入"切片器"的步骤前已述及，此处不再赘述。

8.2　财务分析案例分析实践

8.2.1　财务报表获取

很多公司内部的财务数据都可以通过公司的 ERP 系统或财务系统直接导出，公司在进行财务分析时，更应注重的是信息安全和保密。我们在学习财务分析的过程中可以将上市公司公布的各类财务报表作为财务分析的实际数据来源。

用户注册并登录新浪财经账号，打开新浪财经网页，可以从上市公司对应页面搜索到上市公司向社会公众发布的财务数据。这些财务数据通常允许用户以 Excel 文件格式被下载。财务报告如图 8-21 所示。

图 8-21　财务报告

　　需要特别注意的是，上市公司通常向社会公众发布的财务报告一般有年度报告、中期报告和季度报告，一般包含资产负债表、利润表、现金流量表。上市公司的财务报表结构基本相同，但通常数据量很大。我们可以查看到一个上市公司自上市以来每一年的年度财务报告。如果要分析某一个上市公司多年来某一种业务的经营策略，再根据当前的市场环境，预测未来的经营情况，所涉及的数据会有很多，分析的难度也会很大。因此，仔细研读每次数据分析的任务，合理选择数据，控制数据量是财务数据分析第一步。从数据分析的角度来看，这些数据都是事实表，为了提高数据分析质量，一般都需要手动添加维度表。如今的财务数据分析能够完成的工作已经超过了传统财务报表分析的范畴，涉及成本管理、企业经营、人事管理、产品生产等各个方面。数据分析更多的应用价值远非本书少许笔墨所能尽述，而是需要分析人员在实践中不断探索和发现。

8.2.2　数据整理

　　本案例的财务数据来自某企业 2017—2021 年的年度财务数据。该企业主要业务包括生猪养殖、饲料加工、种猪育种等。文件包括资产负债表、利润表和现金流量表。我们补充了资产负债表分类、年度表、现金流量表分类三张维度表。本节利用 Power BI 对该企业的业务数据实现资产负债表分析、利润表分析、现金流量表分析、偿债能力分析、营运能力分析、盈利能力分析、杜邦分析的可视化（文件位置：案例数据\第八章\8.2 牧原股份财务报表）。

　　数据清洗的相关步骤如下：

　　步骤 1：用户加载案例数据后，进入 Power Query 编辑器，分别对利润表、现金流量表、资产负债表执行“转换”→“表格”→“将第一行用作标题”命令，提升标题。

　　步骤 2：用户分别对利润表、现金流量表、资产负债表的第一列执行

“转换”→“任意列”→“逆透视其他列”命令。用户将这三张表的“报表日期”改名为“报表项目”，将“属性”改为“年度”，将“值”改为“金额”。用户执行“添加列”→“常规”→“索引列”→“从 1”命令，新建从 1 开始的索引列，方便后续操作。整理后的利润表如图 8-22 所示。

	报表项目	年度	1.2 金额	索引
1	一、营业总收入	2021	1.96862E+11	1
2	一、营业总收入	2020	1.24544E+11	2
3	一、营业总收入	2019	42162595291	3
4	一、营业总收入	2018	30838069367	4
5	一、营业总收入	2017	23398055203	5
6	营业收入	2021	1.96862E+11	6
7	营业收入	2020	1.24544E+11	7
8	营业收入	2019	42162595291	8
9	营业收入	2018	30838069367	9
10	营业收入	2017	23398055203	10
11	二、营业总成本	2021	1.64168E+11	11
12	二、营业总成本	2020	56389894036	12
13	二、营业总成本	2019	36359269910	13
14	二、营业总成本	2018	30796359645	14
15	二、营业总成本	2017	17746594988	15
16	营业成本	2021	1.47193E+11	16
17	营业成本	2020	46738095564	17
18	营业成本	2019	32712337531	18
19	营业成本	2018	27823223453	19

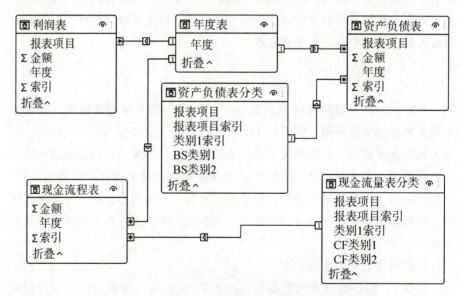

图 8-22　整理后的利润表

步骤 3：用户将各个表格中的“年度”列由“文本”格式改为“数字”格式，保存并退出 Power Query 编辑器。

步骤 4：用户已知利润表、现金流量表、资产负债表通过“年度”字段与“年度表”自动关联。用户通过“报表项目”新建现金流量表和现金流量表分类之间的关系。本案例关系模型如图 8-23 所示。

图 8-23　本案例关系模型

步骤 5：用户新建度量值表，用来管理和存放后续将要使用的度量值。新建的度量值表如图 8-24 所示。

图 8-24　新建的度量值表

8.2.3　资产负债表分析与可视化

资产负债表是表示企业在一定时期内的财务状况的主要会计报表，表明企业在某一特定日期所拥有或控制的经济资源、所承担的现有义务和所有者对净资产的要求权。我们接下来对资产负债表进行数据建模。

分析资产负债表主要用到的数据有资产合计、负债合计、所有者权益合计、流动资产合计、非流动资产合计、流动负债合计、非流动负债合计、BS 期末余额、BS 期初余额、BS 同比。我们在新建的度量值表中的公式编辑栏输入以下 DAX 公式：

资产合计 = CALCULATE(SUM('资产负债表'[金额]),'资产负债表分类'[BS 类别 2]="资产总计")

负债合计 = CALCULATE(SUM('资产负债表'[金额]),'资产负债表分类'[BS 类别 2]="负债合计")

所有者权益合计 = CALCULATE(SUM('资产负债表'[金额]),'资产负债表分类'[BS 类别 2]="所有者权益合计")

流动资产合计 = CALCULATE(SUM('资产负债表'[金额]),'资产负债表分类'[BS 类别 2]="流动资产合计")

非流动资产合计 = CALCULATE(SUM('资产负债表'[金额]),'资产负债表分类'[BS 类别 2]="非流动资产合计")

流动负债合计 = CALCULATE(SUM('资产负债表'[金额]),'资产负债表分类'[BS 类别 2]="流动负债合计")

非流动负债合计 = CALCULATE(SUM('资产负债表'[金额]),'资产负债表分类'[BS 类别 2]="非流动负债合计")

BS 期末余额 = SUM('资产负债表'[金额])

BS 期初余额 = VAR REPORTYEAR=SELECTEDVALUE('年度'[年度])
RETURN
CALCULATE([BS 期末余额],FILTER(ALL('年度'),'年度'[年度]=REPORTYEAR-1))

BS 同比 = DIVIDE([BS 期末余额]-[BS 期初余额],[BS 期初余额])

我们在资产负债表画布中，将运用卡片图、环形图、饼图、簇状柱形图、切片器等工具来展示资产合计、负债合计、所有者权益合计、资本结构等数据。最终完成的资产负债表分析与可视化效果如图 8-25 所示。

图 8-25　资产负债表分析与可视化效果

我们使用卡片图反映资产负债表页面的资产、负债、所有者权益的总体情况。插入卡片图的步骤如下：

步骤 1：用户单击"报表"按钮，新建"资产负债表分析"报表页，执行"插入"→"元素"→"图像"命令，插入公司标志。

步骤 2：用户在画布空白处添加一个卡片图，调整其边框、数据标签等。卡片图属性设置及展示效果如图 8-26 所示。

图 8-26　卡片图属性设置及展示效果

步骤 3：用户插入"负债合计"和"所有者权益合计"卡片图的操作方法与前文类似，此处不再赘述。

我们希望可以通过筛选不同年度来查看对应年度的数据，这里使用切片器来实现这一目标。插入切片器的步骤如下：

用户选择"资产负债表分析"报表页，在画布空白处添加一个"切片器"，调整其边框、数据标签等。切片器属性设置和生成效果如图 8-27 所示。

图 8-27 切片器属性设置和生成效果

我们使用"表"来更加清楚直接地观察和比较 BS 期初余额、BS 期末余额、BS 同比的详细数据以及变动情况。插入"表"的步骤如下：

步骤 1：用户选择"资产负债表分析"报表页，在画布空白处添加一个"表"。

步骤 2：用户设置"表"的属性，将"资产负债表分类"中的"报表项目""BS 类别 1"以及"度量值表"中的"BS 期初余额""BS 期末余额""BS 同比"拖拽至"列"属性中。表的属性设置如图 8-28 所示。

图 8-28　表的属性设置

步骤 3：用户在格式设置中找到"单元格元素"属性，打开其中的"数据条"开关，可以在表格中看到用矩形大小代表的数据大小的显示效果。用户调整其边框、数据标签等。设置好的"表"如图 8-29 所示。

BS类别1	报表项目	BS期初余额	BS期末余额	BS同比
负债	递延所得税负债	0	0.00	
负债	短期借款	18487030422	7,959,492,594.24	-0.03
负债	非流动负债	0	0.00	
负债	非流动负债合计	12855552549	12,023,744,242.90	-0.00
负债	负债合计	738348	04,393.04	0.2(
负债	交易性金融负债	0	0.00	
负债	流动负债	0	0.00	
负债	流动负债合计	01185799	360,150.14	0.3!
负债	其他非流动负债	0	0.00	
负债	其他流动负债	9991522222	5,511,424,961.95	-0.4!
负债	其他应付款	2101073798	3,302,995,977.66	0.5;
负债	其他应付款合计	2020705064	4,038,350,022.52	
总计		827005035942	1,118,870,558,84 5.22	0.3!

图 8-29　设置好的"表"

用户通过柱形图可以直观地感受到一个序列数值的大小。使用"簇状柱形图"来反映不同年份的资产合计数据的步骤如下：

步骤 1：用户选择"资产负债表分析"报表页，在画布空白处添加一个"簇状柱形图"。

步骤 2：用户设置"簇状柱形图"的属性，将"度量值表"中的"资产合计"字段拖拽至 X 轴，将"年度"表中的"年度"字段拖拽至 Y 轴，调整其边框、数据标签等。簇状柱形图属性设置和生成效果如图 8-30 所示。

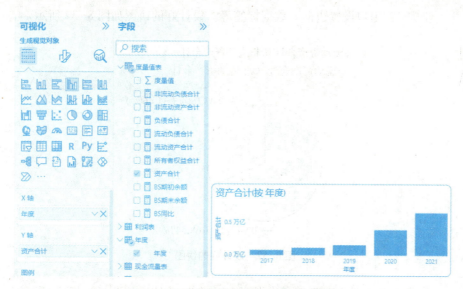

图 8-30 簇状柱形图属性设置和生成效果

我们用"饼图"展示流动资产、非流动资产之间的占比情况。具体步骤如下：

步骤 1：用户选择"资产负债表分析"报表页，在画布空白处添加一个"饼图"。

步骤 2：用户设置"饼图"的属性，将"度量值"表中的"非流动资产合计""流动资产合计"字段拖拽至"值"属性。饼图属性设置如图 8-31 所示。

图 8-31 饼图属性设置

步骤 3：用户在"可视化"窗口中依次点击"设置视觉对象格式"→"视觉对象"→"图例"→"选项"，在"位置"选项中选择"靠上左对齐"。用户依次点击"详细信息标签"→"值"→"显示单位"，选择"万亿"，节省显示空间。

步骤 4：用户设置边框、数据标签等。设计好的饼图如图 8-32 所示。

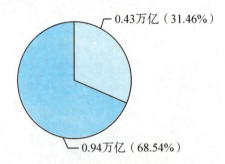

流动资产合计和非流动资产合计
○流动资产合计 ○非流动资产合计

0.43万亿（31.46%）

0.94万亿（68.54%）

图 8-32　设计好的饼图

我们使用"环形图"展示负债与所有者权益的比例关系。插入环形图的操作与插入饼图的操作类似，此处不再赘述。

我们使用"树状图"来比较资产、负债、所有者权益三要素的大小及关系。插入"树状图"的步骤如下：

步骤 1：用户选择"资产负债表分析"报表页，在画布空白处添加一个"树状图"。

步骤 2：用户将"度量值"表中的"资产合计""负债合计""所有者权益合计"字段拖拽至"值"属性。用户设置边框、数据标签等属性。树状图属性设置和生成效果如图 8-33 所示。

我们使用"簇状条形图"来反映各报表项目金额。插入"簇状条形图"的步骤如下：

步骤 1：用户选择"资产负债表分析"报表页，在画布空白处添加一个"簇状条形图"。

步骤 2：用户将"资产负债表"中的"报表项目""金额的总和"字段分别拖拽至 Y 轴、X 轴。用户设置边框、数据标签等属性。簇状条形图属性设置和生成效果如图 8-34 所示。

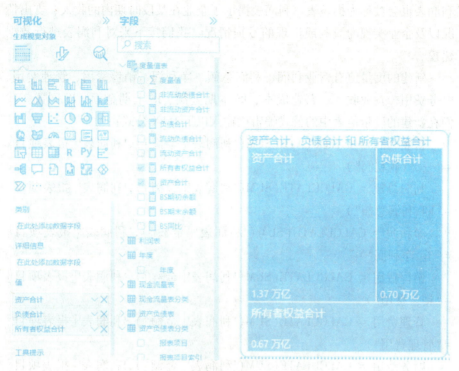

图 8-33　树状图属性设置和生成效果

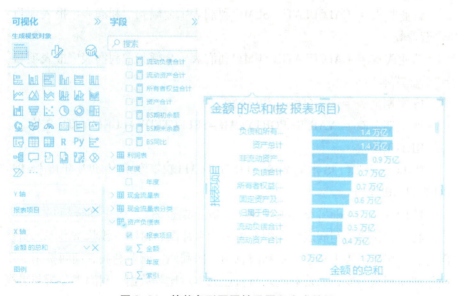

图 8-34　簇状条形图属性设置和生成效果

8.2.4　利润表分析与可视化

利润表是反映企业在一定会计期间（如月度、季度、半年度或年度）的经营成果的财务报表。当企业在一定会计期间的经营成果表现为盈亏时，利润表也会被称为损益表。利润表揭示了企业在某段时期内的收入、支出情况以及企业实现的盈利或出现的亏损情况。我们接下来对利润表进行数据建模。

新建的度量值有营业利润、利润总额、净利润、销售费用、管理费用、财务费用、营业收入、营业成本、IS 本期金额、IS 上期金额、IS 同比。我们在新建的度量值表中的公式编辑栏输入以下 DAX 公式：

营业利润 = CALCULATE(SUM('利润表'[金额]),'利润表'[报表项目]="三、营业利润")

利润总额 = CALCULATE(SUM('利润表'[金额]),'利润表'[报表项目]="四、利润总额")

净利润 = CALCULATE(SUM('利润表'[金额]),'利润表'[报表项目]="五、净利润")

销售费用 = CALCULATE(SUM('利润表'[金额]),'利润表'[报表项目]="销售费用")

管理费用 = CALCULATE(SUM('利润表'[金额]),'利润表'[报表项目]="管理费用")

财务费用 = CALCULATE(SUM('利润表'[金额]),'利润表'[报表项目]="财务费用")

营业收入 = CALCULATE(SUM('利润表'[金额]),'利润表'[报表项目]="营业收入")

营业成本 = CALCULATE(SUM('利润表'[金额]),'利润表'[报表项目]="营业成本")

IS 本期金额 = sum('利润表'[金额])

IS 上期金额 = VAR REPORTYEAR=SELECTEDVALUE('年度'[年度])
RETURN
CALCULATE([IS 本期金额],FILTER(ALL('年度'),'年度'[年度]=RE-PORTYEAR-1))

IS 同比 = divide([IS 本期金额]-[IS 上期金额],[IS 上期金额])

我们在新建的利润表画布中，将运用卡片图、饼图、簇状条形图、折线图、表、切片器等工具来展示利润总额、净利润、营业利润、期间费用、不同年度间利润的变化、营业收入与营业成本对比等数据。利润表分析与可视化最终效果如图 8-35 所示。

图 8-35　利润表分析与可视化最终效果

我们使用"簇状条形图"来反映不同年度的净利润和营业利润的变化情况。插入"簇状条形图"的步骤如下：

步骤 1：用户选择"利润表"报表页，在画布空白处添加一个"簇状条形图"，插入企业标志。

步骤 2：用户将"度量值"表中的"净利润""营业利润"字段拖拽至 Y 轴，将"年度"表中的"年度"字段拖拽至 X 轴。边框、数据标签等属性设置不再赘述。簇状条形图属性设置和生成效果如图 8-36 所示。

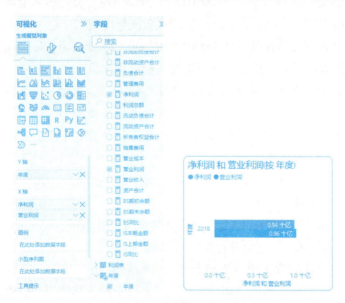

图 8-36　簇状条形图属性设置和生成效果

我们希望可以通过筛选不同年度查看对应年度的数据，这里使用切片器可以实现这一目标。插入切片器的操作前已述及，此处不再赘述。

我们使用卡片图反映利润表的营业利润、利润总额、净利润的总体情况。插入卡片图的操作前已述及，此处不再赘述。

我们使用饼图反映管理费用、销售费用、财务费用之间的占比情况。插入饼图的操作前已述及，此处不再赘述。

我们使用环形图反映营业利润、净利润之间的占比关系。插入环形图的操作前已述及，此处不再赘述。

我们使用"表"来更加清楚直接地观察和比较 IS 本期金额、IS 上期金额、IS 同比的详细数据以及变动情况。插入表的操作前已述及，此处不再赘述。

8.2.5　现金流量表分析与可视化

现金流量表是反映一定时期内（如月度、季度或年度）企业经营活动、投资活动和筹资活动对其现金及现金等价物所产生影响的财务报表。现金流量表可以反映出资产负债表中各个项目对现金流量的影响。我们接下来对现金流量表进行数据建模。

新建的度量值有经营活动现金净流量、投资活动现金净流量、筹资活动现金净流量、现金流入、现金流出、现金净流量。我们在新建的度量值表中的公式编辑栏输入以下 DAX 公式：

经营活动现金净流量 = CALCULATE(sum('现金流量表'[金额]),'现金流量表'[报表项目]="经营活动产生的现金流量净额")

投资活动现金净流量 = CALCULATE(sum('现金流量表'[金额]),'现金流量表'[报表项目]="投资活动产生的现金流量净额")

筹资活动现金净流量 = CALCULATE(sum('现金流量表'[金额]),'现金流量表'[报表项目]="筹资活动产生的现金流量净额")

现金流入 = CALCULATE(sum('现金流量表'[金额]),'现金流量表分类'[CF 类别 2]="现金流入")

现金流出 = CALCULATE(sum('现金流量表'[金额]),'现金流量表分类'[CF 类别 2]="现金流出")

现金净流量= CALCULATE(sum('现金流量表'[金额]),'现金流量表'[报表项目]="五、现金及现金等价物净增加额")

我们在新建的现金流量表分析画布中，将运用卡片图、环形图、桑基图、折线图、簇状条形图、切片器等工具来展示经营活动现金净流量、筹资活动现金净流量、投资活动现金净流量、现金流入、现金流出、不同时间的变化等数据。现金流量表分析与可视化最终效果如图 8-37 所示。

图 8-37 现金流量表分析与可视化最终效果

我们使用"簇状条形图"来反映不同年度的筹资活动现金净流量、经营活动现金净流量和投资活动现金净流量的变化情况。插入"簇状条形图"的步骤如下：

步骤 1：用户选择"现金流量表分析"报表页，在画布空白处添加一个"簇状条形图"，插入企业标志。

步骤 2：用户将"度量值"表中的"筹资活动现金净流量""经营活动现金净流量"和"投资活动现金净流量"字段拖拽至 X 轴，将"年度"表中的"年度"字段拖拽至 Y 轴。边框、数据标签等属性设置不再赘述。簇状条形图属性设置和生成效果如图 8-38 所示。

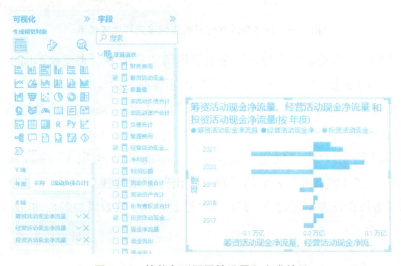

图 8-38 簇状条形图属性设置和生成效果

　　我们在"现金流量表分析"报表页使用"折线和簇状柱形图"用来反映不同年度的现金净流量、现金流入和现金流出的变化情况。插入"折线和簇状柱形图"的步骤如下：

　　步骤1：用户选择"现金流量表分析"报表页，在画布空白处添加一个"折线和簇状柱形图"。

　　步骤2：用户将"年度"表中的"年度"字段拖拽至X轴，再将"度量值"表中的"现金净流量"字段拖拽至列Y轴，将"现金流入"和"现金流出"字段拖拽至行Y轴。边框、数据标签等属性设置不再赘述。折线和簇状柱形图属性设置和生成效果如图8-39所示。

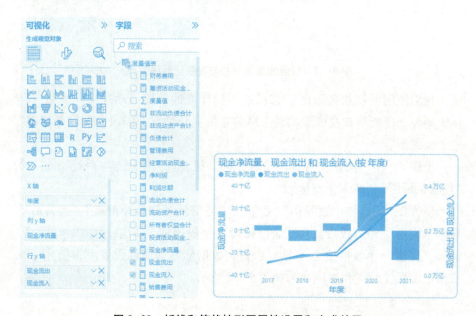

图8-39　折线和簇状柱形图属性设置和生成效果

　　我们在"现金流量表分析"报表页使用"环形图"来反映不同年度的现金流出的变化情况。插入"环形图"的步骤如下：

　　步骤1：用户选择"现金流量表分析"报表页，在画布空白处添加一个"环形图"。

　　步骤2：用户将"现金流量表分类"中的"CF类别1"字段拖拽至"图例"，将"度量值"表中的"现金流出"字段拖拽至"值"。边框、数据标签等属性设置不再赘述。环形图属性设置和生成效果如图8-40所示。

图 8-40　环形图属性设置和生成效果

我们在"现金流量表分析"报表页使用"分区图"来反映不同年度的现金净流量的变化趋势。插入"分区图"的步骤如下：

步骤 1：用户选择"现金流量表分析"报表页，在画布空白处添加一个"分区图"。

步骤 2：用户将"度量值"表中的"现金净流量"字段拖拽至 Y 轴，再将"年度"表中的"年度"字段拖拽至 X 轴。边框、数据标签等属性设置不再赘述。分区图属性设置和生成效果如图 8-41 所示。

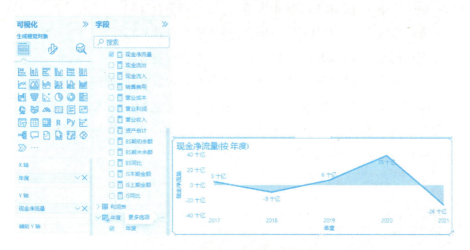

图 8-41　分区图属性设置和生成效果

我们希望可以通过筛选不同年度来查看对应年度的数据，这里使用切片器来实现这一目标。插入切片器的操作前已述及，此处不再赘述。

我们使用"饼图"来反映不同年度的现金流入的变化情况。插入"饼图"的过程与插入"环形图"的过程类似，此处不再赘述。

8.2.6 偿债能力分析与可视化

偿债能力是指企业用其资产偿还长期债务与短期债务的能力。偿债能力是反映企业财务状况和经营能力的重要标志。我们通过对偿债能力的分析，可以考察企业持续经营的能力和风险，有助于对企业未来收益进行预测。我们接下来对企业偿债能力进行数据建模。

我们在分析中新建的度量值有流动比率、速动资产、速动比率、货币资金、现金比率、资产负债率、产权比率、权益乘数。分析数据的公式如下：

流动比率 = DIVIDE([流动资产合计],[流动负债合计])

速动资产 = CALCULATE(SUM('资产负债表'[金额]),'资产负债表'[报表项目]="货币资金"‖'资产负债表'[报表项目]="应收票据"‖'资产负债表'[报表项目]="应收账款"‖'资产负债表'[报表项目]="预收账款"‖'资产负债表'[报表项目]="其他应收款")

速动比率 = DIVIDE([速动资产],[流动负债合计])

货币资金 = CALCULATE(SUM('资产负债表'[金额]),'资产负债表'[报表项目]="货币资金")

现金比率 = DIVIDE([货币资金],[流动负债合计])

资产负债率 = DIVIDE([负债合计],[资产合计])

产权比率 = DIVIDE([负债合计],[所有者权益合计])

权益乘数 = DIVIDE([资产合计],[所有者权益合计])

我们在新建的"偿债能力分析"画布中，将运用卡片图、分区图、切片器等工具来展示流动比率、速动资产、速动比率、货币资金等数据。偿债能力分析与可视化最终效果如图 8-42 所示。

图 8-42 偿债能力分析与可视化最终效果

我们在"偿债能力分析"报表页使用"分区图"来反映不同年度的流动比率、速动比率以及现金比率的变化趋势。插入"分区图"的步骤如下：

步骤 1：用户选择"偿债能力分析"报表页，在画布空白处添加一个"分区图"。

步骤 2：用户将"度量值"表中的"流动比率""速动比率"以及"现金比率"字段拖拽至 Y 轴，再将"年度"表中的"年度"字段拖拽至 X 轴。边框、数据标签等属性设置不再赘述。分区图属性设置和生成效果如图 8-43 所示。

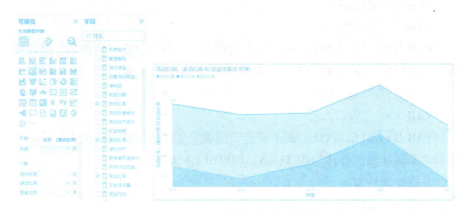

图 8-43 分区图属性设置和生成效果

我们使用"卡片图"展示"流动比率""速动资产""速动比率""货币资金"等数据，插入"卡片图"的操作前已述及，此处不再赘述。

我们希望可以通过筛选不同年度查看对应年度的数据，这里使用切片器来实现这一目标。插入切片器的操作前已述及，此处不再赘述。

8.2.7　营运能力分析与可视化

营运能力是指企业的经营运行能力。营运能力主要用于揭示企业资金运营周转的情况以及反映企业对经济资源管理、运用的效率。对营运能力的分析有利于企业管理层推动财务决策工作的有效实施。我们接下来对企业营运能力进行数据建模。

我们在分析中新建的度量值有应收账款周转率、存货周转率、流动资产周转率、固定资产周转率、非流动资产周转率、总资产周转率。分析数据的公式如下：

应收账款周转率 =

VAR A = [营业收入]

VAR B = CALCULATE(SUM('资产负债表'[金额]),'资产负债表'[报表项目]="应收账款")RETURN　DIVIDE(A,B)

存货周转率 =

VAR A = [营业收入]

VAR B = CALCULATE(sum('资产负债表'[金额]),'资产负债表'[报表项目]="存货")RETURN　DIVIDE(A,B)

流动资产周转率 =

VAR A = [营业收入]

VAR B = CALCULATE(sum('资产负债表'[金额]),'资产负债表'[报表项目]="流动资产合计")RETURN　DIVIDE(A,B)

固定资产周转率 =

VAR A = [营业收入]

VAR B = CALCULATE(sum('资产负债表'[金额]),'资产负债表'[报表项目]="固定资产及清理(合计)")RETURN　DIVIDE(A,B)

非流动资产周转率 =

VAR A = [营业收入]

VAR B = CALCULATE(sum('资产负债表'[金额]),'资产负债表'[报表项目]="非流动资产合计")RETURN　DIVIDE(A,B)

总资产周转率 =

VAR A = [营业收入]

VAR B = CALCULATE(sum('资产负债表'[金额]),'资产负债表'[报表项目]="资产总计")RETURN　DIVIDE(A,B)

我们在新建的"营运能力分析"画布中，将运用卡片图、分区图、切片器等工具来展示应收账款周转率、固定资产周转率、非流动资产周转率、存货周转率、流动资产周转率、总资产周转率。营运能力分析与可视化最终效果如图 8-44 所示。

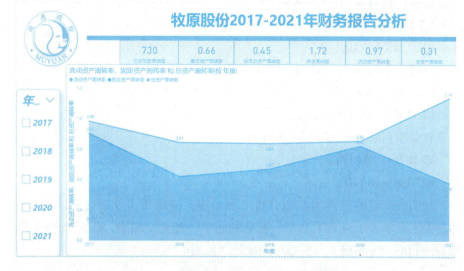

图 8-44　营运能力分析与可视化最终效果

我们在"营运能力分析"报表页使用"分区图"来反映不同年度的流动资产周转率、固定资产周转率以及总资产周转率的变化趋势。插入"分区图"的操作前已述及，此处不再赘述。

我们插入"切片器"用来查看不用年度的数据，插入"卡片图"展示"应收账款周转率"等信息。插入"切片器"以及插入"卡片图"的操作前已述及，此处不再赘述。

8.2.8　盈利能力分析与可视化

盈利能力通常是指企业在一定时期内赚取利润的能力。盈利能力是一个相对的概念，即利润是相对于一定的资源投入、一定的收入而言的。我们接下来将对企业盈利能力进行数据建模。

我们在分析中新建的度量值有营业毛利率、营业净利率、营业利润率、总资产利润率、总资产净利率和权益净利率。分析数据的计算公式如下：

营业毛利率 = VAR A = [营业收入]

VAR B = [营业收入] - [营业成本]

RETURN DIVIDE(B,A)

营业净利率 = VAR A = [营业收入]

VAR B = [净利润]

RETURN DIVIDE(B,A)

营业利润率 = VAR A = [营业收入]

VAR B = [利润总额]

RETURN DIVIDE(B,A)

总资产利润率 = VAR A =［资产合计］

VAR B =［利润总额］

RETURN DIVIDE(B,A)

总资产净利率 = VAR A =［资产合计］

VAR B =［净利润］

RETURN DIVIDE(B,A)

权益净利率 = VAR A =［所有者权益合计］

VAR B =［净利润］

RETURN DIVIDE(B,A)

我们在新建的"盈利能力分析"画布中，将运用卡片图、折线图、切片器等工具来展示营业毛利率、营业利润率、营业净利率、总资产利润率、权益净利率。盈利能力分析与可视化最终效果如图 8-45 所示。

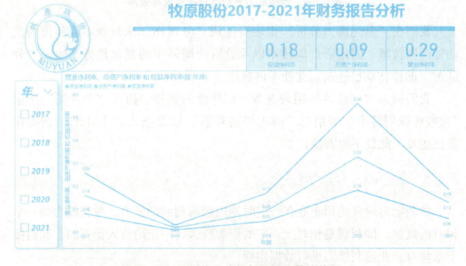

图 8-45 盈利能力分析与可视化最终效果

我们插入"卡片图"来展示权益净利率、总资产净利率、营业净利率数据。我们使用"切片器"查看不同年份的数据，使用"折线图"查看不同年度的数据变化情况。插入"切片器""折线图""卡片图"的操作前已述及，此处不再赘述。

8.2.9 杜邦分析与可视化

杜邦分析用来展示企业盈利能力和股东权益回报水平，利用主要的财务比率之间的关系来综合评价企业的财务状况。我们将企业的权益净利率分解为多项财务比率乘积，从而有助于深入分析比较企业经营业绩。

我们在分析中新建的度量值有财务费用率、管理费用率、销售费用率、净资产、净资产收益率、净利润率和杜邦结构净资产收益率。分析数据的公式如下：

财务费用率 =［财务费用］／［营业收入］

管理费用率 =［管理费用］／［营业收入］

销售费用率 =［销售费用］／［营业收入］

净资产 =［资产合计］－［负债合计］

净资产收益率 =［净利润］／［净资产］

净利润率 =［净利润］／［营业收入］

我们在新建的"杜邦分析"画布中，将运用卡片图、切片器等工具来展示杜邦分析的可视化效果。杜邦分析与可视化最终效果如图 8-46 所示。

图 8-46 杜邦分析与可视化最终效果

我们插入卡片图与切片器的操作前已述及，此处不再赘述。

8.3 本章练习

实训题

尝试从新浪财经网站下载自己熟悉的某一行业龙头企业的财务数据完成以下数据分析：

（1）确定合理的数据分析任务，确定合理的数据分析范围。

（2）确定合理的表间关系，并根据需要建立合理的维度表。

（3）进一步结合公司业务数据，通过 Power BI 实现年度资产负债变化分析、利润分析、现金流量分析、财务指标分析、偿债能力分析等。

（4）实现分析结果可视化，并与真实情况进行对比，验证分析结果是否正确。

（5）结合公司财务数据，并合理下载其他相关企业数据，进行行业分析以及纵向对比分析和横向对比分析。

（6）理解和总结财务数据分析与可视化页面设计的一般思路。

9 Power BI 在线服务

9.1 Power BI 在线发布

  Power BI 不仅是简单的数据可视化工具，还提供了数据在线发布功能，从而让用户在不同平台、时间、地点都可以轻松使用 Power BI 服务。用户使用公司邮箱注册 Power BI 服务账号之后，登录 Power BI 官方网站，就可以使用 Power BI 的在线服务功能。

  用户在 Power BI Desktop 制作好将要使用的报表后，可以将其发布到 Power BI 在线服务。本书以 8.2 中的案例为例，介绍发布报表的相关步骤。

  步骤 1：用户在 Power BI Desktop 中打开想要发布的可视化图表文件。用户在"报表"页面执行"主页"→"共享"→"发布"命令，弹出"发布到 Power BI"页面（如图 9-1 所示）。

图 9-1 "发布到 Power BI"页面

  步骤 2：用户在"发布到 Power BI"界面选中"我的工作区"，点击"发布"按钮，等待一会儿即可发布成功。用户点击"在 Power BI 中打开牧原财务案例实例. pbix"，即可在网页中查看已经发布的报表。发布报表如图 9-2 所示。

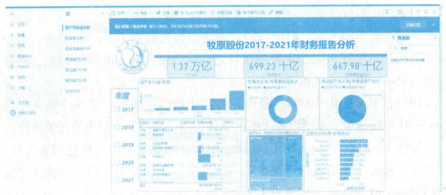

图 9-2　发布报表

步骤 3：对已经发布过的报表，用户可以在"导航栏"→"我的工作区"中查看。

9.2　Power BI 分享与协作

在 Power BI 中，用户不能直接通过 Power BI Desktop 进行共享报表，只能先将其发布到 Power BI 服务。用户可以通过多种不同方式共享仪表板、报表和磁贴。每种方法具有其自身的优点。

第一种方法是将制作好的报表发布到 Web，互联网上的所有人都可以查看用户发布的报表或视觉对象，并且查看不需要身份验证。报告查看者无需是 Power BI 用户。用户将报表发布到 Web 的步骤如下：

步骤 1：用户在导航栏点击"我的工作区"，打开想要发布的报表，依次点击"文件"→"嵌入报表"→"发布到 Web（公共）"，如图 9-3 所示。

图 9-3　发布到 Web

步骤 2：用户在弹出的"嵌入公共网站"窗口中，点击"创建嵌入代码"，即可生成链接。嵌入公共网站界面如图 9-4 所示。

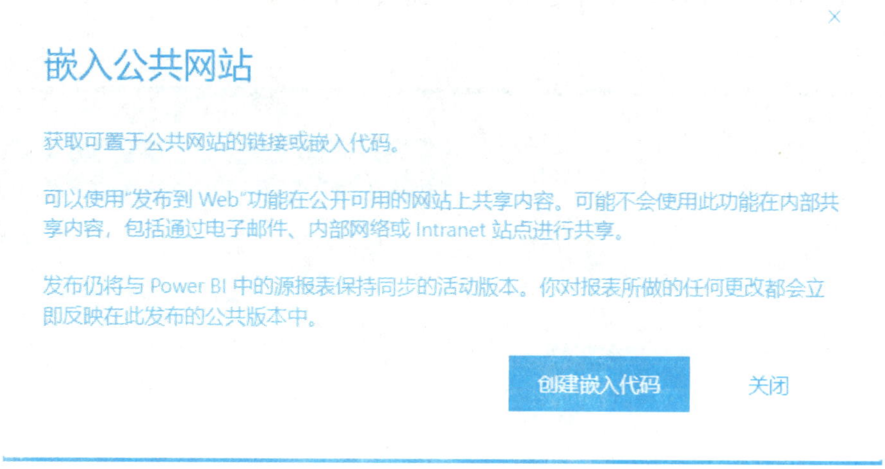

嵌入公共网站

获取可置于公共网站的链接或嵌入代码。

可以使用"发布到 Web"功能在公开可用的网站上共享内容。可能不会使用此功能在内部共享内容，包括通过电子邮件、内部网络或 Intranet 站点进行共享。

发布仍将与 Power BI 中的源报表保持同步的活动版本。你对报表所做的任何更改都会立即反映在此发布的公共版本中。

创建嵌入代码　关闭

图 9-4　嵌入公共网站界面

步骤 3：用户在弹出的页面中已经生成了用于分享的链接以及报表的外观预览，可以进行"大小"和"默认页"设置。用户点击"复制"，将其粘贴到浏览器即可查看分享的报表。发布报表如图 9-5 所示。

图 9-5　发布报表

第二种方法是共享仪表板。用户可以点击"共享"命令实现仪表板的共享。在共享仪表板时，组织内与用户共享的人员可以查看并且进行交互，但是不能编辑报表。组织内人员也可以与其他同事共享仪表板，组织外的人员可以查看仪表板并与之交互，但不能共享仪表板。共享界面如图 9-6 所示。

图 9-6　共享界面

第三种方法是生成 QR 码。用户可以将做好的报表通过 QR 码的方式进行分享，其他具有访问权限的用户可以使用移动端扫描 QR 码查看报表。生成 QR 码的步骤如下：

步骤 1：用户在导航栏点击"我的工作区"，打开想要发布的报表，依次点击"文件"→"生成 QR 码"。生成 QR 码界面如图 9-7 所示。

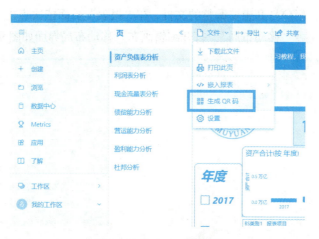

图 9-7　生成 QR 码界面

步骤 2：用户在弹出的窗口中即可查看生成的 QR 码。用户可以点击"下载"按钮保存 QR 码，并将其分享给组内人员。生成的 QR 码如图 9-8 所示。

图 9-8　生成的 QR 码

9.3　Power BI 移动应用简介

用户在 Power BI Desktop 中创建报表，再将这些报表发布到 Power BI 服务，之后即可与 Power BI 移动应用中的报表进行交互（移动端查看报表，需要下载 Power BI app）。用户在移动设备上查看 Power BI 报表的过程与在 Power BI 在线服务查看 Power BI 报表的过程一致，都是点击"工作区"即可看到已经发布的报表，此处不再赘述。

Power BI 报表的作者可以创建专门针对手机端进行优化的报表布局。其相关步骤如下：

步骤1：用户打开想要调整的文件，在"报表"页面依次点击"视图"→"移动设备"→"移动布局"，打开编辑画布。移动布局界面如图9-9所示。

图9-9 移动布局界面

步骤2：用户打开画布后，可以根据手机端显示的具体情况对图表进行调整，以达到最佳显示效果。调整布局如图9-10所示。

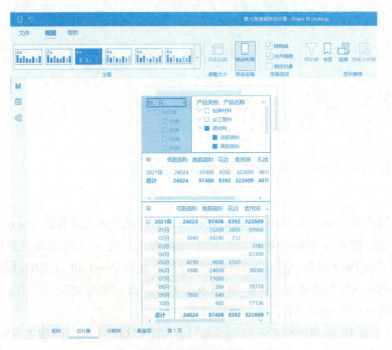

图9-10 调整布局

步骤 3：用户将再次将设计好的报表保存，上传至 Power BI 在线服务，即可在移动端查看布局优化后的报表。

9.4 本章练习

实训题

结合第 8 章实训题的结果，完成下列操作：

（1）将第 8 章实训题的数据可视化结果发布到 Power BI 在线服务上。

（2）设计清晰、美观、实用的仪表盘。

（3）设计手机端报表布局，并在 Power BI 应用程序中查看报表。

（4）理解 Power BI Desktop 和 Power BI 在线服务的区别与联系。

（5）总结 Power BI 仪表盘和报表的区别。

10　数据分析报告撰写与生成

10.1　数据分析报告概述

数据分析报告最关心的应该是分析报告的使用对象。同样的数据，因为阅读对象不同，分析内容不同、重点不同、展示方式不同。例如，债权人关心的是企业财务的稳健、安全性，股东关心的是企业未来权益的增值；潜在的投资者关心的是企业目前的价值是否被高估，等等。因此，写分析报告首先要理解分析报告的对象、内容、时间，确定分析工作要达到什么目的，整个工作都要围绕这个目的展开。本书以财务数据报告为例，对数据分析报告的相关内容进行介绍。

10.1.1　财务数据报告的主要类型

近年来，随着商业智能越来越深入日常企业经营过程中，财务分析的内容、展示方式等已经大大突破以前人们对财务报表的认知，数据分析涉及的相关专业知识、技能也远远超过了传统财务管理专业的范畴。目前财务数据报告主要有以下几种类型：

（1）专题分析报告

专题分析报告是针对企业概况、特定的某一议题或者和企业相关的某一个社会经济现象进行专门研究的一种数据分析报告。例如，如果要分析一家企业的经营状况是否值得投资，那么就需要了解这个企业所在的行业是什么、行业总体情况如何、企业价值的主要来源是什么、主营业务是什么、目标市场是什么、企业业务的主要竞争对手是什么。专题分析报告的主要作用是为决策者制定政策、解决问题提供决策参考和依据。

在规划专题分析报告时，切记不要试图反映事物全貌，而是要重点针对某一方面或某一问题进行重点分析，要集中力量解决专题分析的内容，包括问题背景、对问题深入细致的描述、原因分析、现状分析、未来预测趋势以及提出切实可行的解决方案等。

（2）综合分析报告

综合分析报告是指根据要求，对某个单位、部门业务发展情况等的一种数据分析报告，比如对企业财务健康状况的分析。综合分析报告就像是一个人身体健康情况分析报告。

首先，综合分析报告要注意的是全面性。每一类财务指标都有其标准和目的，比如企业的流动性指标、周转率指标、盈利指标、债务指标等。

其次，综合分析报告必须要注重关联性，即对互相关联的现象与问题进行综合分析，在系统分析指标体系的基础上，考察现象之间的内部联系和外部联系。这种联系的重点是比例和平衡关系，综合分析报告要分析比例是否合理、发展是否协调。

最后，综合分析报告必须要注重对比性，即将企业当前的各个指标和同行业、同类型的其他企业的横向比较以及与企业上年同期、环比同期的指标进行的纵向分析。其主要目的是了解这些变动和不同的原因是什么，是临时性的、短期的，还是长期的，企业整体趋势是向好还是向弱，从而进一步让信息使用者明确在这些变动之下企业的整体财务情况，进而明确企业目前在市场上或同行业之中的优势、面临的主要竞争和困难。

（3）日常数据通报

在数据分析应用的辅助下，财务数据报告所包含的数据类型、种类大大超过了传统范围的同时，财务数据报告的实时性也得以大幅度提升。可以这样讲，日常数据通报是目前财务数据分析中用得最多的，也是最能体现数据分析价值的应用，它一般是按日、周、月、季等时间阶段定期进行的，因此也叫定期分析报告。

首先，日常数据通报必须具有时效性，即必须及时提供业务发展过程中的各种信息，从而帮助决策者掌握最新动态。

其次，日常数据通报通常需要反映局部和整体特性，或者计划和实际执行特性，比如需要反映出执行情况和计划预估的区别，从而判断计划完成好坏，或者当前日常执行情况对企业总体效率的影响等。

再次，日常数据通报的内容和格式应该是信息使用者熟知或认可的，有比较规范的格式和内容规划，通常包括计划执行的基本情况、计划执行中的成绩和经验、存在的问题、解决措施与建议几项基本部分。

最后，日常数据通报很多时候的根本目的是尽早发现和规避企业经营中的风险。这些风险因素既可能来自企业内部，也可能来自企业外部，包括宏观市场环境、竞争者的市场策略、行业政策法规的调整等。因此，日常数据通报对实时性的要求实际上是最难的。

10.1.2　财务数据报告的撰写

财务数据报告会根据公司业务、使用对象等的变化而产生一定的变化。

但其撰写还是有一个相对比较稳定的流程。

（1）数据报告的目的

财务数据报告的撰写要明确阅读对象，要有针对性。阅读对象不同，财务数据报告的撰写内容也有所不同。

（2）制订分析方案

明确报告内容以后，撰写者需要确定分析的主要方向和内容，制订分析方案，确定人员分工及工作进度。

（3）收集整理分析资料

制订分析方案以后，撰写者实际上就已经确定了分析报告的主要内容和侧重点。此时撰写者就可以进行相关资料的收集和整理。撰写者需要注意的是不仅仅要对企业内部的数据进搜收集，还要对方案涉及的环境数据，比如国家宏观政策、相关部门制定并出台的相关政策以及非财务数据等进行搜集和整理。

（4）数据建模、数据分析实施以及可视化

很明显，这是本书重点关注的内容，需要特别说明的是，数据建模、数据分析实施以及可视化实际上和财务数据报告所关心的内容紧密相关，和财务专业背景知识有很大关系。例如，分析企业财务经营状况需要用到净资产收益率、总资产报酬率、主营业务利润率、成本费用利润率等财务专业背景知识。又如，固定资产分析需要用到各种固定资产折旧的计算方法。

（5）撰写财务数据报告

数据报告一般由标题、背景与目的、分析思路、分析过程、结论与建议组成。

①标题。标题需高度概括该分析的主旨，要精简干练，点明该报告的主题或观点。随着电子阅读的普及以及信息使用者时间碎片化程度的提高，标题不仅要表达数据报告的主题，还要能够在很短时间内吸引读者眼球，因此很多数据报告的标题非常直接。例如，《我公司销售额今年翻倍增长》《直播业务是公司未来几年发展方向》《公司业务拓展的关键渠道》等。

②背景与目的。背景要简明扼要地让报告阅读者对整体的分析研究有所了解，比如主要阐述此项分析是在什么环境、条件下进行的，如行业发展现状等。其目的是让报告阅读者知道报告存在的原因和意义。

③分析思路。分析思路主要说明报告使用的主要分析方法等。对于大部分报告阅读者来说，其实际上不需要对分析使用到的具体数据分析手段、技术有很充分的理解。数据报告需要通过对这些数据分析理论、技术工具的简要描述使得报告阅读者对分析结果满意，相信数据分析结果的有效性和正确性。

④分析过程。分析过程既是报告的主体部分，也是报告质量的关键。撰写者要在报告背景环境及各类材料的基础上，采用简洁高效、结构合理、逻辑清晰的方式将报告阅读者感兴趣的内容的分析思路、分析过程、分析结果呈现出来。数据报告首先要真实有效、实事求是地反映真相，其次在表达上必须客观、准确、规范，切忌主观臆断。分析过程必须结合相关业务或专业理论，而非简单地进行"看图说话"。各项分析内容的逻辑关系应该是清晰明确的，报告整体应结构合理，尽可能简洁高效地传递信息、表达观点，切忌图表和文字的简单堆砌。

⑤结论与建议。数据报告的最终目的无外乎得出结论、提出建议、解决矛盾。结论应与分析过程的内容保持统一，与背景、目的相互呼应，是结合公司业务，经过综合分析、逻辑推理形成的总体论点，而不是为了分析而分析、缺乏客观性、不注意数据口径、人云亦云。建议应关注保持优势和改进劣势、解决问题等方面，切忌不顾阅读对象而缺乏逻辑地夸夸而谈。一个好的报告一定是能够让阅读者加深认识、引发思考的。

（6）数据分析结果可视化

在各种各样商业智能工具以及数据分析工具的支持下，今天的数据报告存在于各类文档或 PPT 中。以 Power BI 为代表的数据分析结果的呈现方式被人们称为"可视化报告"。数据分析结果可视化也被认为是一门艺术，涉及计算机技术、计算机视觉、心理学、美学等各个学科。良好设计的可视化不仅能满足数据使用者对美感的追求，也能帮助数据使用者更快速、更透彻、更方便地理解数据，降低沟通成本，提高决策效率。

10.1.3　财务数据报告的原则

财务数据分析结果不管是以哪种方式、在哪种媒介上呈现，其基本原则应该都是稳定的。

第一，真实性、谨慎性原则。财务数据报告的数据来源应是真实的、完整的。分析过程要根据分析内容科学规划，尽可能谨慎、实事求是，以保证分析结果的可靠性。

第二，重要性原则。财务数据报告在对各项数据进行分析的过程中，对所搜集整理的数据，应该重点选取真实可靠的数据构建相关模型，尽可能体现分析的重点。财务数据报告在对同一类问题的描述中也要注意对问题重要性的把握。

第三，规范性原则。财务数据报告中使用的名词术语一定要符合行业规范，计量单位等标准要统一，并前后要一致，尽量符合报告使用者所在国家或地区的行业规范和标准。

第四，创新性原则：新理论和新技术不断发展，创新的方法和模型、数据展示手段等不断涌现，财务数据报告应对这些创新的思维与方法给予足够的重视，在明确数据报告重点的前提下融合新理论、新技术。

10.2　Power BI 报表导航设计

我们在前面学习了那么多的数据清洗、数据建模分析技巧以及图表的使用，最终目的是形成一个完整的可视化报告。前文介绍的工作能够保证分析结果的准确，但报表如果让阅读者在视觉上感到很难受、不好看，那前面所有的努力可能都会大打折扣。因此，数据分析人员都应该具备一定的报表设计技巧。

如果一个分析报告只有一两页报表，并不需要使用导航。但是，多页的报表一般都需要有一个页来统筹导航到各个明细页，这一页被称为导航。下面简要介绍 Power BI 中几种常见导航的设置方法和使用技巧。

10.2.1　使用页面导航器

在此前，一个多页面的 Power BI 报告的导航一般是通过设计按钮来实现的，制作导航并不复杂，但是如果页面比较多，通过这种方式配置导航也是个比较耗费时间的工作。2021 年年底发布的 Power BI 新版本中出现了导航器功能，使得用户可以无需单独设计按钮，就可以快速完成导航设计。

步骤 1：用户需要将每一页报表根据实际情况命名。以一个企业的财务数据报告为例，为了更好地进行数据展示，多页报表按展示内容分别命名如图 10-1 所示。

| 资产负债表分析 | 利润表分析 | 现金流量表分析 | 偿债能力分析 | 营运能力分析 | 盈利能力分析 |

图 10-1　多页报表按展示内容分别命名

步骤 2：用户在报表视图模式下，单独新添加一个报表，并命名为"导航页"。

步骤 3：用户对导航页进行一些适当的页面设计，比如添加合适的背景图片，用文本框添加合适的标题等。

步骤 4：用户在报表视图模式下，选择"插入"→"元素"→"按钮"→"导航器"→"页面导航器"。添加导航页如图 10-2 所示。

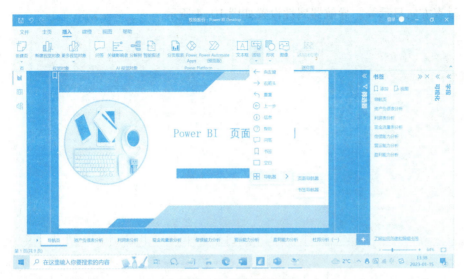

图 10-2　添加导航页

步骤 5：此时在页面的上方自动出现一个导航器，导航器上的多个按钮的名字就是步骤 1 中设置的所有页面的名称。按钮的标题与页面显示名称一致，按钮的顺序与报表页的顺序一致。调整导航器位置到页面底部如图 10-3 所示。

图 10-3　调整导航器位置到页面底部

步骤 6：用户按"Ctrl"键，并单击鼠标就可以直接跳转到对应页面（或者在 Power BI 服务的编辑模式下按"Ctrl"，并单击鼠标）。如果在 Power BI 移动端，用户直接点击即可。

由系统页面导航器生成的导航器可以随着报告页面的变动自动更新，若在后面的工作中出现报表页面更名、添加或删除等情况时，导航器会自动更新。这对于初学者来讲可以节约不少时间，十分方便。

步骤 7：用户可以通过设置导航器的格式进行一定的美化。用户选中导航器之后，在右边的格式窗口中可以进一步对其进行一些美化。例如，用户可以更改导航器中按钮的形状、对导航器进行旋转、设置各按钮按水平或者垂直方向显示等。导航器属性设置如图 10-4 所示。

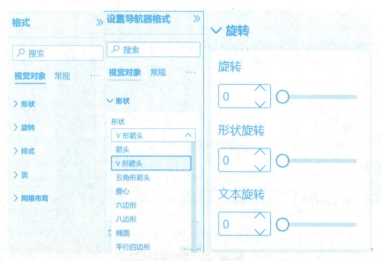

图 10-4　导航器属性设置

步骤 8：用户在常规标签中可以对导航器中的背景、显示效果、填充效果、文字、边框、外观等进行设置（如图 10-5 所示）。

图 10-5　导航器进一步设置

步骤 9：有时会有一些数据分析过程中的中间结果页面或工具页面并不应出现在导航中，此时用户首先需要在页面命名之后，在页面名字上单击鼠标右键，在弹出的菜单中隐藏该页面。隐藏页如图 10-6 所示。

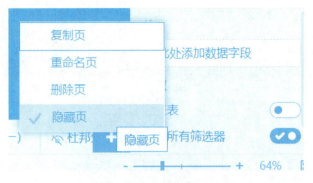

图 10-6 隐藏页

　　然后用户再选中导航器，在格式窗口中的"视觉对象"标签中找到"页"属性，关闭"显示隐藏页"按钮，则之前设置的隐藏页将不再显示在导航器中。"显示隐藏页"按钮如图 10-7 所示。

图 10-7 "显示隐藏页"按钮

10.2.2　使用书签导航器

　　Power BI 提供了一个叫书签的工具，它可以记录报表页面的位置。在设计分析阶段，当页面相当多、在同一个窗口中已经很难迅速查找的时候，用户利用书签可以快速跳转到想看的页面，也可以利用书签和按钮实现导航页设置。2021 年以后的 Power BI 版本直接提供了书签导航器。

　　步骤 1：和前文一样，用户首先需要将每一页报表根据实际情况命名。

　　步骤 2：用户选中一个页面，选择"视图"→"显示窗格"→"书签"，选中"添加"按钮，添加一个新的标签。用户单击鼠标右键，对该书签按照需要进行命名。添加书签如图 10-8 所示。

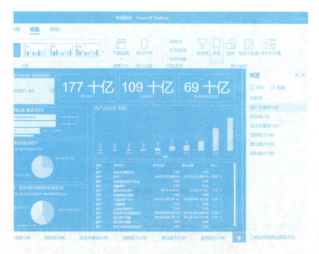

图 10-8　添加书签

步骤 3：用户根据需要完成所有页面的书签命名，并通过直接拖拽书签实现书签的顺序调整。注意：此时若某个页面不想出现在导航器中，用户可以不设置该页面的书签。

步骤 4：用户按"Ctrl"键，并单击鼠标直接跳转到对应页面。

步骤 5：用户重复前文使用页面导航器的步骤 3 和步骤 4，在弹出的菜单中选择"书签导航器"。格式设置和美化操作前已述及，此处不再赘述。

10.2.3　自定义导航设计

如果不是绝大多数页面都需要导航，仅是少量页面需要导航，或者对系统提供的自动导航器不太满意，此时用户可以使用系统提供的书签和按钮实现自定义导航设计。下面简要说明自定义导航设计的大致步骤。

步骤 1：用户按照前文的介绍给需要添加导航的页面设置适当的书签。

步骤 2：用户同样按照前面的讲述，新添加导航页面，并完成导航页面上的一些基础设置。

步骤 3：在报表视图模式下，用户选择"插入"→"元素"→"按钮"→"书签"。此时屏幕的左上方会出现一个按钮图标，用户拖拽按钮图标到页面中的合适位置。

步骤 4：用户选中按钮图标，在右边的格式窗口的"样式"下拉菜单中找到"文本"属性。用户可以根据需要输入自定义的导航文本，也可以进行一些相关字体、字号设置。"文本"属性按钮如图 10-9 所示。

图 10-9 "文本"属性按钮

步骤 5：用户找到"图标"属性，打开图标按钮，点击"浏览"旁边的按钮，可以插入自己想要的图片作为图标，并可以根据图标的实际大小设置合理的位置、大小、对齐方式等。"图标"属性按钮如图 10-10 所示。

图 10-10 "图标"属性按钮

步骤 6：用户找到"操作"属性，打开对应按钮。在"类型"属性中选择"书签"，在"书签"属性中选择该按钮想要对应的页面书签名。"操作"属性按钮如图 10-11 所示。

图 10-11 "操作"属性按钮

步骤 7：用户在 Power BI Desktop 中仍然按"Ctrl"键，并单击鼠标就可以直接跳转到对应页面。

这里使用的按钮实际上和 PPT 中所使用的按钮非常类似，是系统提供给用户的一种交互式方式，比如用户可以在每一个报表的页面中添加一个返回导航页的按钮。

另外，我们也可以通过使用切片器来完成相应的导航功能。对于初学者来讲，导航设计入门很简单，但要想做得非常美观是有一定难度的，需要大量时间和精力。因此，我们推荐使用系统自带的导航器设计功能。

10.3 报表页面布局

我们在前文中花了不少篇幅介绍各类可视化对象（报表）的性能特征、使用方式和技巧，但如何使得这一个个图表组合在一起以后形成一个有机整体，构成一个高效的报告，达到报表数据可视化的目的，这就涉及报表页面布局。

各种报表的使用以及报表页面布局的最终目的都是要让数据使用者能够看懂。因此，我们首先应该明确的是报表页面布局不是可视化对象的简单堆砌，也不是越华丽、越炫目越好。

相比于以前只依赖传统图表的数据报告，可视化数据报告能更有效地引导读者完成数据阅读、明晰重点、更快速理解分析结果、洞察和发现数据和数据之间的关系。很多资料和教材都将各种商业智能软件形成的可视化报告称为仪表盘，因此报表页面布局也被称为仪表盘布局。

Power BI 中每个可视化对象都有自己的标题、图例、坐标轴等元素。它们在页面上的呈现方式，比如对齐、组合、叠放等和 PPT 非常相似。总体来看，报表页面布局比 PPT 视野更宽广、布局更复杂、所能展示的对象更多。

10.3.1 报表页面布局的基本原则

报表页面布局切忌将大量重要信息堆积在一起，导致用户不能分清主次，没法关注到页面中最重要的信息。

数据报告中的多个报表页面布局和风格应尽可能保持一致。

报表结构应适应用户特征，从用户角度出发，而不能使用户感到无所适从，更不能使用户产生焦虑或不耐烦情绪。例如，如果是给上级呈现的汇报性质的报告，就应该将关键部分快速呈现出来，把要解决的问题简明扼要地表述清楚；如果是对某个问题的详细分析报告则应该侧重于分析手段、分析流程的细节描述。

10.3.2 报表页面布局基本方法

报表页面布局基本上可以分成可视化对象格式设置和报表整体页面设置。

用户在报表页面选中一个可视化对象，可视化对象上方就会出现对应的"格式"标签，如图 10-12 所示。这时用户就可以根据需要设置对象的叠放层次、对齐方式等。

图 10-12 "格式"标签

用户不选中任何可视化对象，在画布的空白位置单击鼠标，则可以在出现的格式栏中对画布的页面背景、页面大小、页面对齐方式、壁纸等进行相关设置。画布设置如图 10-13 所示。

图 10-13 画布设置

10.3.3 精简型报表页面布局

精简型报表页面布局是使用得最多、最简单的一种布局方式，通常由标题、图表、坐标轴等元素组成。如图 10-14 所示的两种布局就是精简型报表页面布局。实际上，简单的报表页面布局和 PPT 页面布局的基本逻辑是一致的。

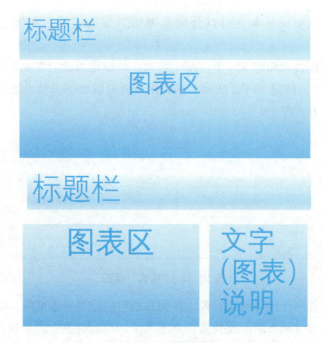

图 10-14　页面布局

第一种布局通常在每一页上方 1/5 到 1/4 的标题栏位置用一句话概括这一页的内容，使用户可以非常快速地了解该页具有陈述性质的结论。下方的图表区则详细描述该结论的相关细节。这种布局适合汇报给上级领导查看的报表页面布局。上级领导有需要则会进一步仔细查看图表区中的更具体的信息。这种页面布局以最直接、最高效的方式实现了呈现效果。

第二种页面布局的标题栏在通常情况下是整页内容的标题，表明主要内容，而非结论。页面左边的图表区展示数据分析的结果。页面右边通过合适的文字或图表，对左边图表的内容做进一步的说明或分解。这种页面布局通常用于展现某个分析结果的详细细节，通常适用于专题报告中对某个问题进行详细分析，或者同行之间的详细交流。

这些页面布局方式简单明了，通常在企业内部场合的日常通报、数据分析过程中使用较多，但在正式场合或重要场合中逐渐使用得越来越少。

10.3.4　故事可视化仪表盘布局

在日常生活中，对于阅读书籍和报纸，我们通常有从左到右、从上到下的阅读习惯。故事可视化仪表盘布局将页面中最重要的核心指标分析从左边开始展示，其他核心指标可以放在左下方，最后是一些相对不太重要的数据或引导分析的数据。详细数据、准确数据（如需要反复检查的统计数据）等可以放置在页面的右下方位置。故事可视化仪表盘布局如图 10-15 所示。

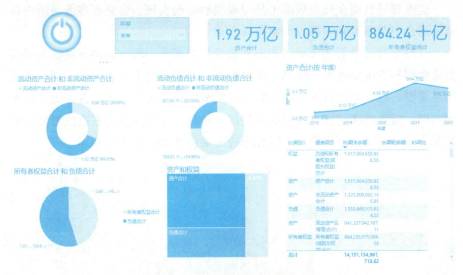

图 10-15　故事可视化仪表盘布局

10.3.5　导航式可视化仪表盘布局

仿照常见的网页导航方式，我们也可以将导航器或切片器放在整个页面布局的最左边，然后在右边显示经过导航或切片之后的数据分析结果。这种方式在借助书签等交互式控件的情况下，可以实现图和表格切换显示的效果。导航式可视化仪表盘布局如图 10-16 所示。

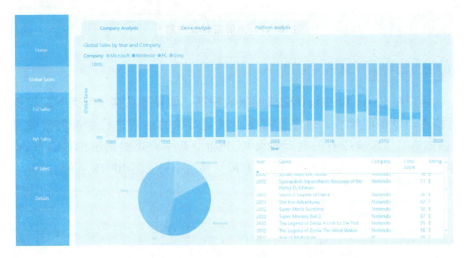

图 10-16　导航式可视化仪表盘布局

10.3.6　大屏幕看板（管理驾驶舱）布局

这种布局目前在商业智能工具中都能够轻松实现，也是很多普通用户在重要场合中普遍看到的报表页面布局方式。

这种布局通常需要展示的图表和数据相当多。因此，这种布局首先需要分清楚哪些是主要指标、哪些是次要指标。通常在整个报表的中心部分展示的是重要指标。用户根据数据内容也可以分别将左边和右边位置再次进行平均布局，或者再次进行主要和次要的区分布局。通常左边和右边位置显示的数据内容不交叉、不重叠。大屏幕看板布局位置如图10-17所示。

图 10-17　大屏幕看板布局

10.3.7　Power BI 移动布局

用户在 Power BI 中设计完成的报表视图，如果要在移动端查看就需要适应移动设备的尺寸，通常都需要对视觉对象的格式进行少量调整设置（该调整不会影响原有的显示效果）。因此，Power BI 提供制作移动布局。用户在"视图"中可以切换到移动布局。移动布局如图10-18所示。

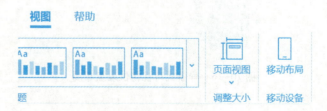

图 10-18　移动布局

移动布局的设计界面如图 10-19 所示。屏幕左边有一个类似于手机的空白网格区，即是移动布局的画面；屏幕右边是原来已经完成的可视化对象。移动布局制作并不需要重新制作图表，而仅需要将原来已经制作好的可视化对象或图表拖到手机画布上，根据实际情况调整大小、图表。

图 10-19　移动布局的设计界面

需要特别指出的是，移动布局中没有办法修改可视化对象的格式属性，也不能修改报表页的格式设置，这些设置都需要事先考虑可能在移动端中出现的效果。相对于在计算机布局中更多、更详细的多页报表，移动布局可以根据数据内容的多少或数据内容的重要性进行选择，也就是说可以把全部或部分报表制作成移动布局。很明显，受移动端显示界面尺寸大小的限制，导航式可视化仪表盘布局使用得相对较多，而大屏幕看板布局使用得较少。

10.4　报表页面色彩设计

和网页及众多微信公众号页面展示一样，Power BI 报表的色彩设计对可视化报表整体效果非常重要。一个好的报表页面色彩设计已经远远超过了数据分析技术或计算机技术的范畴，而更是一门多学科交叉的艺术。Power BI 提供内置主题、自定义主题方式，以方便用户设置更丰富、更有特色、更适合自己的报表页面色彩。

10.4.1　内置主题

内置主题实际上很像 PPT 中提供的自动套用格式。它是在 Power BI 软件安装时预先导入的一些系统自带的配色方案。用户可以在"视图"菜单中查看，这些主题都可以直接点击选用。内置主题如图 10-20 所示。

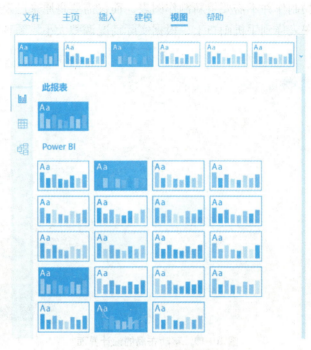

图 10-20　内置主题

10.4.2　自定义主题

我们实际上很少对系统提供的内置主题进行修改。因为 Power BI 主题库提供了很多自定义主题，并一直处于持续更新中。用户点击"主题库"，如图 10-21 所示，系统将自动进入官方主题库网页，与自定义可视化对象使用方法非常类似。用户在官网中将其下载到本地以后（文件后缀名".json"），点击"浏览主题"，找到对应文件导入外部主题文件就可以直接使用。

图 10-21　主题库

10.4.3　自定义配色

无论是内置主题还是自定义主题，Power BI 都允许用户通过"自定义当前主题"方式对主题进行修改或编辑。用户可以打开"自定义主题"对话框，如图 10-22 所示。这些设置不仅涉及主题的配色方案，还有字体、视觉对象等元素的默认格式设计。

图 10-22　"自定义主题"对话框

我们通常不建议读者在主题色彩设计上花费过多时间，简简单单使用默认的白色或直接使用系统提供的内置主题就好。主题的色彩搭配实际上已经不属于数据分析技术的范畴，一般读者也很难把握配色技巧。

在现实工作中，通过少量使用自定义配色可以让报告整体色调和企业标志的色调一致。适当调整主题颜色可以达到更加突出重要数据显示、更符合数据内容特征的效果。

无论是对于初学者来说还是对于数据分析技术人员而言，要想在短时间内掌握专业级别的报表设计布局实际上都是非常难的。设计的细节需要多加练习，而设计的灵感和素材需要长时间的不断积累。实际上，可视化报告的页面布局技术与 PPT、网页页面布局以及应用程序交互设计有很多异曲同工之处。我们需要做的是在日常学习和工作中逐渐形成有自己特色的设计风格或符合自己工作环境的设计风格。

10.5　本章练习

实训题

结合第 8 章示范案例或实训题的结果，完成下列分析和操作：

（1）常见的财务数据报告主要有哪些类型和应用场景？

（2）财务分析报告的撰写流程是什么？

（3）利用你熟悉的工具，给案例添加一个合理导航。

（4）调整案例的报表页面布局，使其更美观、更高效。

（5）优化案例的报表页面色彩设计，使其符合客户需求、整体风格一致。

（6）将优化后的案例进行在线发布，对比前后效果。

参考文献

[1] 汪刚. 财务大数据分析与可视化：基于 Power BI 案例应用（微课版）[M]. 北京：人民邮电出版社，2021.

[2] 胡永胜. Power BI 商业数据分析 [M]. 北京：人民邮电出版社，2021.

[3] 夏帮贵. Power BI 数据分析与数据可视化（微课版）[M]. 北京：人民邮电出版社，2019.

[4] 阿尔贝托·费拉里，马尔·科鲁索. Power BI 建模权威指南 [M]. 刘钰，潘丽，译. 北京：电子工业出版社，2021.

[5] 赵悦，王忠超. Power BI 商务智能数据分析 [M]. 北京：机械工业出版社，2020.